U0044622

無為丹道
肆

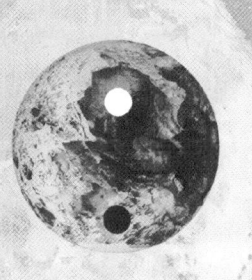

丹道探源

——參同契入藥鏡與無為之道

藍石——註解

推薦序

近在我心，不離己身，抱一毋舍，可以長存。

《周易參同契——自敘啟後章第三十五》

　　《周易參同契》對於關注道家學說的讀者而言，多認此書為千古丹經之鼻祖，卻又視為道學中最難研究的一本書。究其原因在於，其內容不僅有易經學說、治世之道、修仙之秘、宇宙開元之源相間，當有亙古之哲學與科學智慧隱含其中；然因其作者與版本不一的積累式著作特性，造成難以探知古人真意。故實是令後世望之如山攀之如茫的古籍存在。

　　欲探《周易參同契》之奧祕，以何種視角甚為重要。本書作者藍石老師，自我修行逾30年，一路堅持實修之路，於2011年首次演化至三階陽生，於2016年再次突破至三階陽生，此間所見大曼陀羅、圓月、金丹真人等內景，遍求身邊無可解者，可言者眾然真知者無，唯一之途乃鑽研於古人典籍智慧，從佛道二家之眾多經典，反覆對照實練成果，求證於典籍中之次第與描述，得無為法之真精義。藍師本於罕有之三階

陽生實煉經歷，埋首古籍，嚴謹考據翻查博引，繼出版《悟真篇：無為丹道二》，為初修丹道者註疏解義後，再溯北宋紫陽真人張伯端之思想前源，以呂祖詩集為疇，萃取呂祖道法之機要，而成無為丹道三《呂洞賓的詩與道：仙詩與丹道修行之門》。今再溯呂祖之思想源頭，以丹道實修之角度，將《周易參同契》予以解讀註疏，並著重於分離出有實修參考價值的內容，其他後人加諸之見解，若與實修無關，藍師亦盡力將其分離開來，求以無為法的觀點，將有實修價值的內容帶給讀者，乃成此書：無為丹道四《丹道探源：參同契入藥鏡與無為之道》之上卷。

　　讀者暢讀此書，當可領略本書難能可貴之處在於：

　　其一，《周易參同契》作者相傳有魏伯陽、徐真人、淳于叔通等三人，然藍師初析即未拘於此，確定的是作者絕非一人，且重點為包含已失傳之《上古龍虎經》；應是經歷三個人所寫，第一位是已失傳之《上古龍虎經》作者，第二個位是魏伯陽，第三位是淳于叔通。而得由不同作者之前後加工軌跡以萃取出《上古龍虎經》真正丹道智慧。

　　其二，《周易參同契》版本眾多，選擇上本屬難題，藍師從諸多版本中選取陳致虛版為主，並博引比

對不同版本間之差異。例如於《二土全功章第十一》「呼吸相貪欲，佇思為夫婦」之解析時，即旁徵最早的後蜀彭曉版（註解亦不同版本）、蔣一彪版及朱熹版外，進而分析其他版會改成「呼吸相含育」有很大的可能是因為搬運法以呼吸為修煉主體，因謬認有誤抄而擅自修改內容。此種以實修為基礎，邏輯為論，還原古文真意，實屬精彩。

其三，《周易參同契》最早的彭曉版就已有錯簡之情形，不知道是彭曉故意亂排，抑或說到了彭曉手上就已經錯簡了，例如《晦朔合符章第十八》「六五坤承，結括終始。」，應該要先提到上九再來提六五，故當屬錯簡。又如《金丹刀圭章第十四》「臨爐定銖兩，五分水有餘。二者以為真，金重如本初。」、「其三遂不入，火二與之俱。三物相含受，變化狀有神。」，亦有錯簡而導致順序錯亂的問題。藍師考據甚嚴，多處提出錯簡問題，以避免誤解前後文意，此番研究精神令人敬佩。

其四，本書最為精采之一即釐清《周易參同契》中《易經》與《上古龍虎經》之糾結。藍師於《周易參同契》中有關《易經》部分，逐一就掛爻為說明，例如就月相與方位八卦天干的關係尚整理列表；整理《說卦傳》方位表，另搭配洛書再為制表說明，再如

於《君子居室章第十七》就京房納甲圖為分析。然藍師明確指出或為《周易參同契》之某位作者喜歡引用當時的知識，這些知識不見得和丹道有關；更建議讀者基本上除了陰陽關係之外，其他的八卦天干地支，都宜忽略不計，以免浪費時間。再以《龍虎兩弦章第九》「火記不虛作，演易以明之」為例，藍師推估《火記》應該在漢朝時就已經失傳了，所以《周易參同契》的其中一位作者才會在內容中加入大量的《易經》概念。然藍師認這位作者所描述的《易經》概念，與丹道修煉的實務關係不大，更證《周易參同契》中《易經》部分跟實修部分之作者並非同一人。因《上古龍虎經》已經失傳了，故閱讀《周易參同契》時，只要把有關《易經》的東西丟了，剩下的部分是《上古龍虎經》的機率就很高了。

其五，藍師特別點出，莫以《周易參同契》某位作者之五行說法來解釋丹道，例如《男女相須章第二十七》「金化為水，水性周章，火化為土，水不得行。」，而應回歸呂洞賓的五行顛倒架構較能有完整之理解。將閱讀本書的重點放於丹道的精華，例如《養性立命章第二十》「變而分布，各自獨居。」、《流珠金華章第二十四》「太陽流珠，常欲去人。卒得金華，轉而相因，化為白液，凝而至堅。」等。

本書上卷《周易參同契》屬於東漢的著作，比唐朝初期的崔希範《入藥鏡》還早了許多，等於是最早的丹道論述，但是《周易參同契》的駁雜已如上述，《入藥鏡》則為純粹的丹道論述，若讀《周易參同契》有種揭開面紗後悵見殘跡之感，那《入藥鏡》更具道學研究之完整價值，藍師特逐句解析，並收編為本書下卷，實屬近代罕見之註疏大作。

宗教與佛學、道學等之重大差異在於是否「無條件相信」，無為丹道之理念，本於中觀、如實觀為本，故期望各位讀者在閱讀古人與作者智慧之際，切莫盡信，而應自行驗證其真偽。然而驗證，並非僅流於思想、邏輯或哲學之推演，唯有憑藉自身不斷實修之過程予以反覆實證，方能在古人所勾勒超越意識的世界，拓樸前行，修成正道。

序者

心物合一 **鄭克盛**

法學博士、國貿碩士、物理學士，現為執業律師

目錄

下卷・入藥鏡

丹道探源：參同契入藥鏡與無為之道

周易參同契

前言

　　《參同契》作者有的相傳是魏伯陽一人，有的相傳是魏伯陽、徐真人、淳于叔通三人，另外相傳《參同契》中包含《古文龍虎經》，各家說法不一，最早的版本是後蜀彭曉的《周易參同契分章通真義》，歷代註解也大多以彭曉版為主。

　　但是在明朝之時，寫《臨江仙》的楊慎聲稱發現了古文《參同契》，《古文參同契集解》：「掘地得石函中有古文《參同契》，魏伯陽所著，上中下三篇，敘一篇，徐景休箋註亦三篇，後敘一篇，淳于叔通補遺三相」，聲稱彭曉版將原本的三人作者打散，造成見解混亂，原文與後人註解混雜難以區分，因此聲稱三篇古本原文，可將原文與註解區分開來。

　　原楊慎版已經失傳，目前採用楊慎版留存下來的最早版本是蔣一彪版，而劉一明也採用蔣一彪版作為註解。然經北京大學教授余嘉錫於《四庫全書提要辨證》考證，在與楊慎同時代的蔣謂，於《青藤書屋集》聲稱此楊慎版的《參同契》乃是道人杜一誠所作，故《參同契》作者究竟是誰又陷入羅生門，但可以確定的是《參同契》作者絕非一人，最起碼其中包

含《古文龍虎經》，因此筆者的閱讀重點不在於區分哪一段是哪位作者，而在於分離出有實修參考價值的內容，至於其他後人加諸其上的個人見解，若與實修無關，筆者也盡力將其分離開來，將有實修價值的內容，以無為法的觀點帶給讀者。

目前的《參同契》因為排序的關係，共有三種不同的排序方式，第一種是彭曉版，分成九十章，第二種是陳致虛版，分成三十五章，第三種是楊慎版，分成三章，筆者採用的是陳致虛版，原因是筆者認為彭曉版分得太細，造成有些章節內容不連貫，因此採用每章比較多文字的陳致虛版。只是原始的排版順序到底如何已無從得知，不管如何排，總難與原來的相同，筆者只能盡力將與實修有關的部分，還原丹道面目，至於《易經》部分，非筆者所長，若有錯解，還請讀者告知，感謝。

一氣劈開琉璃壁
如癡如醉乾坤易
三界誰知日月魂
與我共飲千古密
　　　　　藍石詩

大易總敘章第一

　　乾坤者，易之門戶，眾卦之父母。坎離匡廓，運轂正軸，牝牡四卦，以為橐籥。

　　「乾坤」，就是陰陽，是易的門戶，陰陽是《易經》各卦變化的門戶，有了乾坤陰陽，才能產生四卦、八卦、六十四卦等等變化出來。

　　「坎離」是「匡廓」，外圍的輪廓，坎是水，離是火，水火是煉丹道尚未入門的前置作業，是基礎，所以稱為匡廓。

　　「轂」是車輪中心的圓木，就是介於車軸和輻木之間，輻木就是放射性連接到車輪的條狀木，古代的車都是馬車，車輪兩邊各一個，中間靠車軸連接起來，所以車軸如果歪了，就沒辦法順利運行車轂，所以說運轂需要正軸，這個正軸就是前面提到的乾坤，「牝牡四卦」，牝牡代表陰陽，這陰陽產生的四卦——乾坤坎離，這四卦就是為了要產生橐籥，「以為橐籥」，就是為了產生橐籥。橐籥是甚麼呢？風箱。好，這裡就誤會大了，一堆人只看到風箱當中的風，

看不到風箱當中的空間，所以就直接把橐籥當成呼吸，這一來，丹道就被扭曲成搞呼吸氣功的東西了，這下子真是誤會大了。

橐籥的解釋不是風，而是空間，風箱當中的空間，所以這有點像是左手指月，看不見月，卻看見手指，以為手指就是月，同樣的誤會。老子：「天地之間，其猶橐籥乎，虛而不屈，動而愈出。」天地之間就像風箱一樣，這裡的風箱是說像風箱一樣的空間，虛空而不屈，動就會有風產出，所以風是風箱的產出物，風箱是這一個空間。

知道了橐籥的解釋不是氣，而是像風箱一樣的空間之後，再來看四卦坎離乾坤的運作，就是為了這個像風箱一樣的空間，一個虛空，可以產出金丹的虛空。這個虛空的產生，也就是二階段陽生，甚至在純陽之後，達到第三階段陽生。這個虛空的空間，就是坎離乾坤四卦運轉的目標。

乾坤，是易的門戶，眾卦的父母，跟馬車的車軸一樣，外圍的車轂是坎離，乾坤就跟車軸一樣，車軸要正，才能運行車轂，就像乾坤推動坎離運作，而這陰陽四卦——乾坤坎離，就是為了要煉出像橐籥一樣的虛空陽生。

實修的時候，坎離是外圍，坎離就是水火，水火

在外圍，是第一個陰陽，乾坤是第二個陰陽，而整個陰陽則是推動這一切運行的基礎，沒有陰陽就沒有辦法運行。

所以這裡如果要講清楚的話，其實是三個陰陽，兩個意思，第一個陰陽是大原則的陰陽，第二個陰陽是坎離，第三個陰陽是乾坤。第一個意思，在陰陽的大原則之下，先煉出外圍的坎離，再煉出核心的乾坤。第二個意思，陰陽跟車軸一樣是修煉的核心，沒有正確的陰陽，就沒辦法運行外圍的坎離，這第二個意思講的陰陽就是乾坤。乾坤是陰陽，坎離也是陰陽，但是乾坤是眾卦之母，這裡講的乾坤就是陰陽，所以這裡有點亂，我們先暫時把乾坤當成四卦之一，陰陽當成上一級的兩儀，這樣名詞不同，會比較清楚，也就是在陰陽的大原則下，產生四卦，四卦包含乾坤坎離，乾是陽，坤是陰；坎是陰，離是陽，乾坤坎離四卦是陰陽衍生出來的。這樣看就會很清楚，只是我們可能要把第一句的乾坤看成陰陽，這樣才不會把乾坤跟四卦裡面的乾坤混在一起。

當然，我們也可以把「坎離匡廓，運轂正軸」解釋成坎離兩卦就像是車軸的外圍，推動車軸的運行，「牝牡四卦，以為橐籥」，再加上乾坤兩卦，總共四卦，就是為了要煉出像橐籥一樣的虛空空間。但是這

樣解釋，就忽略了前面的那段「乾坤者，易之門戶，眾卦之父母。」，所以筆者的解釋傾向運行車軸是由坎離乾坤四卦所運行，而不是專門只有坎離而已，也就是煉丹道的一個四方價值觀，東西南北，東方木，西方金，南方火，北方水，這樣的四方位。這四個方位推動丹道實修，就是為了虛空陽生的產生，而這四個方位裏面，水火屬於外圍，水火生金木，金木為內層，這樣的丹道邏輯就跟呂祖和紫陽真人的五行顛倒完全符合了。

有些書把「牝牡四卦，以為橐籥。」分到第二段，跟坎離乾坤分開，變成了「乾坤者，易之門戶，眾卦之父母。坎離匡廓，運轂正軸」一段，「牝牡四卦，以為橐籥。覆冒陰陽之道，猶工御者準繩墨，執銜轡，正規距，隨軌轍」一段，這樣整個意義就完全被扭曲了，變成前面說的，是坎離兩卦在推動車軸的運行，而不是四卦坎離乾坤在推動了，所以分段也很重要。

此外，這樣分等於忽略了四卦的重要性，也把坎離當成乾坤，所以這一開頭，就等於忽略了丹道修煉當中四方位的重要性，直接省略變成了只有兩卦，也就是水和火，神和氣，這是我們在許多《參同契》註解當中經常會看到的誤解，以氣功角度來解釋，把四

卦活生生省略成了兩卦，煉丹道就變成煉氣功了，誤會就很嚴重了。

　　覆冒陰陽之道，猶工御者準繩墨，執銜轡，正規距，隨軌轍。

　　車軸就像是陰陽之道，有了陰陽之道，覆冒就是覆蓋在陰陽之下，也就是在陰陽之道底下，就像是工匠有了繩墨能校準，駕車的人有了銜轡才能控制車，畫圖的人有了圓規和方矩才能畫圓畫方，駕車的人有了路上的軌跡才能知道路在哪裡，以前的路沒有像現在到處都是柏油路，以前有車走的路就有軌跡，沒車走的路就雜草叢生，沒有軌跡。陰陽就像是軌跡，有了軌跡，就知道道路的所在。

　　《易經繫辭》：「一陰一陽之謂道」，有了陰陽就有了依循的準則，道路也就出現了。

　　覆冒就是覆蓋，蓋上，意思就是在陰陽之道的大準則之下，就像是古代的工程師要拿繩墨來做為校準的工具，陰陽之道就是繩墨，一個被遵循的大原則。用陰陽之道這個大原則，就像是銜轡，掌控了銜轡，就等於掌控了坐騎馬匹，銜轡是掌控馬匹的工具，所以掌控了陰陽之道就等於掌控了丹道修煉。「處中以

制外」陰陽是核心，掌握了核心修煉，才能夠制外，才能夠正確地實修。

處中以制外，數在律歷紀。

陰陽處在中間，以陰陽為核心準則，才能夠「制外」，產生正確的實修現象，這些現象規律地如同音律和曆法的數字。也就是以陰陽為核心的修煉，不管誰來煉，都會產生同樣的趨勢，例如產生陽極生陰、陰極生陽的陽生現象，而這些陽生現象，不管誰來煉，都是差不多的，有一個規律的數據，跟音律和曆法一樣。

像筆者在網路上的教學，就是以日記作為教學的媒介，在陰陽的大準則之下，看學員所展現出來的現象，有沒有符合特定的趨勢，如果沒有符合，就能判斷出可能是哪邊出了問題。例如意土不清淨，心中有所執著；或者有所期待；或者有慣性而不自知，這些都會造成陰陽無法順利運轉功態。也就是以陰陽為大準則，出來的現象會有一定的規律和趨勢，而這些規律和趨勢就像音律和曆法一樣精確。

但是有些沒有領悟陰陽之道的人，就會被這些現象所迷惑，因而產生模仿現象的行為，並且把這些行

為當成功法或者秘法，這樣就完全違反陰陽之道了，這些人並不是以陰陽為核心來修煉，而是追隨現象，模仿現象，例如某些派別知道有人煉出圓月，他就想像有一個圓月，並且把這種想像，當成是修煉。例如某些派別知道有人煉出光，他就想像自己有內在的光，還想像各種不同顏色的光產生，這就是追隨現象的偏差行為。除了「觀想法」屬於常見的偏差修煉行為之外，「導引法」也是，把注意力放在特定的位置，去導引產生特定的現象，這都是常見的偏差行為，但是卻普遍被認知為是正統修煉。因此希望本書的出版，能起到一小部分撥亂反正的力量，讓真正的修行回歸世間。

月節有五六，經緯奉日使，兼並爲六十，剛柔有表裏。

「五六」就是三十，意思就跟二八佳人一樣，代表十六歲。「節」就是一節一節，分成的意思，一個月分成30天。「經緯」的原意是織布的線，橫的線是經，直的線是緯，這個規律是「奉日使」，奉行太陽的使命，就是一個月三十天是因為太陽的緣故，因為後面提到「晝夜各一卦」，所以一個月共有六十卦，

但是《易經》共有六十四卦，多出的四卦，就是把乾坤坎離扣掉，剩下的剛好配合一個月六十卦。

關於這個卦象的數字，呂純陽也說過，這個卦象沒有甚麼具體的意義，「莫違期，為則例，悟明真理須當契。若還執著爻象行，只恐勞神形蠹弊。」（詳見《呂洞賓的詩與道：仙詩與丹道修行之門》；無為丹道三），指的應該是《參同契》的這幾句話，我們要知道，《參同契》不是一個人寫的，而是經歷三個人寫的，第一位是《龍虎經》的作者，《龍虎經》已經失傳，第二個位是魏伯陽，第三位是淳于叔通。

> 《周易參同契》託名陰長生注本序云：「蓋聞《參同契》者，昔是古《龍虎上經》，本徐真人。徐真人，青州從事，北海（今山東昌樂）人也。後因越上虞人魏伯陽，造《五相類》以解前篇，遂改為《參同契》。更有淳于叔通，補續其類……叔通親事徐君，習此經。」

所以我們知道這裡面是三個人混雜寫出來的，也分不清楚到底誰寫哪一段，但是筆者初步推估，屬於實修大原則和內景的部分應該是原作者，也就是修行段數最高的那位，而屬於《易經》卦象的部分，應該

是後面兩個人加上去的。因此這個用卦象去解釋的部分，我們看過就好，不用太認真，否則會「勞神形蠱弊」，產生浪費心神和體力的弊病。

「剛柔」是《易經》當中常見的概念，《易經》多次使用剛柔來作為陰陽的代名詞，例如「屯，剛柔始交而難生，動乎險中，大亨貞。」、「子克家，剛柔接也。」、「既濟，亨，小者亨也。利貞，剛柔正而位當也。」，每一卦共有六爻，上面三爻是「表」，下面三爻是「裡」，剛柔在表裡都有，不是說表就一定是剛，裡就一定是柔，上三爻、下三爻都各有剛柔。

朔旦屯直事，至暮蒙當受，晝夜各一卦，用之依次序。既未至晦爽，終則復更始。

「朔旦」是初一，乾坤是第一卦和第二卦，乾坤是用來定義陰陽，第三卦就是屯卦，就用來作為開頭了，所以初一是屯卦當值。但是到了暮色降下，天黑了之後就換成蒙卦，也就是第四卦。初一白天是屯卦，初一晚上換成蒙卦，晝夜各一卦，就這樣依照次序，跳過乾坤坎離，配合三十天，一天兩卦，剛好湊齊六十卦。

「既未」，既卦和未卦，最後兩卦。「晦」，每個月最後一天。「爽」，這裡的意思是明亮，每個月最後一天月亮完全消失晦暗，到月亮又重新出現亮光，中間的過程就是晦爽。到了既卦和未卦最後兩卦，也就是每個月的最後一天的晝夜，到了最終，又重新開始。

　　日月爲期度，動靜有早晚。

　　有的書寫「日辰為期度」，不管是「日月為期度」或者「日辰為期度」都不影響意義，因為「月節有五六，經緯奉日使」，月同樣也是受日影響，所以兩者意義差別不大，都是以日為期度，期間度量，以日做為度量的期間，在一天之中，早晚動靜不同。《參同契》文章喜歡把文字顛倒過來寫，早晚動靜不同，寫成動靜有早晚，表裡各有剛柔，寫成剛柔有表裡。早上為動，晚上為靜，日出而作，日落而息，這是自然的準則。

　　春夏據內體，從子到辰巳，秋冬當外用，自午訖戌亥。

春夏就如同子時到辰巳一樣，是生發的時機，子時是半夜十一點到一點，上午七點到九點是辰時，上午九點到十一點是巳時，從子時到巳時，是從最陰的時機到陽的時機，陽最盛的時機是午時——上午十一點到下午一點，所以這個子時到巳時是從陰最盛開始升起陽，因此是「據內體」，陰為內，據內體就是從最裡面往外往陽生發。所以秋冬也是一樣，如同時刻，從午時到戌亥時，午時是上午十一點到下午一點，是陽最盛的時刻，所以說是「當外用」，從最陽最外的時刻開始往陰出發。

賞罰應春秋，昏明順寒暑，爻辭有仁義，隨時發喜怒，如是應四時，五行得其理。

賞罰相應於春秋，春天為生發之氣，萬物生養，如同上天賞飯吃，秋天為肅降之氣，萬物收藏，如同上天之懲罰。昏明順應寒暑，黃昏如同天寒，陽氣收斂下降，朝明如同天暑，陽氣生發上升。所以賞罰、春秋、昏明、寒暑都在強調陰陽交替的道理。

《易經繫辭》多處提到仁和義，「一陰一陽之謂道，繼之者善也，成之者性也。仁者見之謂之仁，知者見之謂之知。百姓日用而不知，故君子之道鮮矣。

顯諸仁，藏諸用，鼓萬物而不與聖人同憂，盛德大業至矣哉。」「廣大配天地，變通配四時，陰陽之義配日月，易簡之善配至德。」所以可以得知這裡講的仁義是陰陽的代名詞。

《參同契》裡面混了三個人的文章，要了解為什麼一下子講賞罰，一下子講仁義，一下子又講到隨時發喜怒，除了提到《易經繫辭》之外，這段也提到東漢三大著作之一——《潛夫論》的概念。

「議者必將以為刑殺當不用，而德化可獨任。此非變通者之論也，非叔世者之言也。夫上聖不過堯、舜，而放四子，盛德不過文、武，而赫斯怒。《詩》云：『君子如怒，亂庶遄沮；君子如祉，亂庶遄已。』是故君子之有喜怒也，善以止亂也。故有以誅止殺，以刑禦殘。」

君子之喜怒不是為了個人私慾，而是為了止亂，順應天道。所以「隨時發喜怒」就是順應天時發喜怒，這個喜怒在這邊就是氣機的代名詞。「隨時發喜怒」就是順應時機發動氣機。該陽就陽，該陰就陰，順應時機，這個時機就需要有覺察能力，覺察天機時機，隱藏在自身內在的陰陽，而不是用自身的想法，

覺得應該要陰就陰，覺得應該要陽就陽，這樣是不對的，就沒有做到「隨時」，順應天道。上面的詩是《詩經》，原意為：「君子聞讒如怒責，禍亂速止不嚴重；君子如能任賢明，禍亂難成早已終。」這邊的「隨時」並非隨時隨地的意思，而是順應天時，順應體內陰陽轉化的時機。

　　「如是應四時，五行得其理」像這樣順應四時，順應春夏秋冬，陰陽之升降，五行就能夠得到順利運行的道理，能順利推動。陰陽是天道，需要順應行之，不要用自己想當然耳，用自己的想法去干涉，如果是這樣煉，不僅違反陰陽，五行同樣有虧，意土不清淨，如何煉丹道呢？

乾坤設位章第二

天地設位，而易行乎其中。天地者，乾坤之象也；設位者，列陰陽配合之位也；易謂坎離者，乾坤二用。

「天地設位」，天地定位，易就是陰陽各卦行乎其中，也就是陰陽開始轉化，所以後一段說，天地就是乾坤之象，天地就是陰陽轉化的現象。設位就是列出所有《易經》陰陽各卦的位置，易就是指坎離等等各卦，這些卦都是乾坤陰陽的運用。

二用無爻位，周流行六虛，往來既不定，上下亦無常，幽潛淪匿，變化於中，包囊萬物，爲道紀綱，以無制有，器用者空。

陰陽二用沒有固定的爻位，「周流行六虛」，陰陽周流在六爻之間，往來沒有一定的規則，或上或下也沒有常態，潛藏在深層的地方，變化於中，包囊萬物，陰陽是道的紀綱，以無制有，陰陽潛藏看不見的

地方，卻影響看得到的地方，就像器皿一樣，中間要有空間才能使用。

故推消息，坎離沒亡。言不苟造，論不虛生，引驗見效，校度神明，推論結字，原理爲證。

所以推論陰陽的消息，坎離等卦在其中出沒，這些話不是造假，理論也不是憑空而生，引用這些道理修煉，自然就能見效，陰陽這個方法非常神奇有效，可以修煉出結果，證明這個原理是有效的。

坎戊月精，離己日光，日月爲易，剛柔相當。

「坎」是水，「離」是火，「戊己」是土，「戊」是陽土，「己」是陰土，「月精」是兔髓金，「日光」是烏肝木，日月交換，「剛柔」也是陰陽的意思，陰陽相當，坎水加上陽土戊和兔髓金，離火加上陰土己和烏肝木，陰陽交替，陰陽相當，就能煉出金丹。坎水加上陽土戊就會煉出烏肝木，烏肝木加上月精兔髓金；而離火加上陰土己就會煉出兔髓金，兔髓金加日光烏肝木，所以坎戊月精和離己日光講的是同樣的程序，只是從不同角度來講，都是烏肝木加兔

髓金，也就是陰陽交替的意思。

　　土旺四季，羅絡始終，青赤黑白，各居一方，皆秉中宮，戊己之功。

　　四季指的是金木水火，承繼上一句話，不管是水火或者金木都需要土在其中運作，因此說土旺四季。羅絡始終，從開始到終結，土都在其中扮演重要的角色。青為木，赤為火，黑為水，白為金，青赤黑白就是木火水金，四個方位，各居一方，都秉持著中宮，中宮就是土，土在其中才能運作木火水金，戊己之功，四個方位能夠運作，都是戊己土的功勞。

　　常有網友問我，他該煉的都煉了，為什麼不能進步？要知道丹道修煉兩大力量：陰陽交替往前的力量，還有戊己中宮之土的力量，缺一不可。特別是戊己土非常講究天賦，如果一個人習慣於外求，而且對於內心的回頭覺觀能力完全做不到，或者價值觀上完全沒有回頭覺觀的想法，這個人要能夠產生清淨意土，簡直是難如登天，這類型的人幾乎是完全沒辦法煉丹道的。

　　除非有強大的意志力，願意放下面子，面對自己沒有覺觀能力，如果有這樣的覺悟，知道自己覺觀能

力很差，這樣還有希望。但是有一種人把面子看得比登天還要大，認為自己已經非常完美，是沒有得到「密法」所以才無法進步，如果有這樣的想法，恐怕這一輩子都完全煉不出任何成就了。

日月懸象章第三

易者，象也。懸象著明，莫大忽日月。

「易者，象也」是「天地設位，而易行乎其中。天地者，乾坤之象也；設位者，列陰陽配合之位也；易謂坎離者，乾坤二用」的進一步說明，易就是乾坤坎離眾卦的現象，這種眾卦現象當中，最明顯的莫過乎日月。

日含五行精，月受六律紀。五六三十度，度竟復更始。

日含金木水火土五行精華，月受依照六律的規律運行。《靈樞‧經別》：「六律建陰陽諸經，而合之十二月、十二辰、十二節、十二經水、十二時、十二經脈。」《靈樞‧邪客》：「天有六律，人有六府。」一候五日，六候共三十度，代表三十日，剛好一個月，三十度結束之後，又從頭開始。

窮神以知化，陽往則陰來，輻輳而輪轉，出入
更卷舒。

仔細去研究其中的變化，就會發現陽往則陰來，
陰陽是互相交替的，就和車輪輻輳輪轉的原理一樣，
陰陽的出入更替卷舒，陽舒展開來，陰就卷收起來，
若陰舒展開來，陽就卷收起來。「卷」同捲。

易有三百八十四爻，據爻摘符，符謂六十四
卦。

《易經》有六十四卦，每一卦有六爻，所以六十
四乘以六等於三百八十四爻，根據六個爻來選擇卦。

晦至朔旦，震來受符。當斯之際，天地媾其
精，日月相擔持。

「晦」是每個月最後一天，「朔旦」是每個月第
一天，初一。從每個月最後一天到每個月的初一，是
震卦受符，當此之際，此為月至陰轉陽，但尚未顯象
之際，天地交媾，日月相當，比喻為丹道的兔髓金階
段，至陰欲轉陽生之前，此為陰陽相交到了極點，陰

陽力量相當，陰尚未結束，陽也尚未出頭。震卦是兩個陰在上面，一個陽在下面，一個陽潛伏在兩個陰下面，與三十至初一之間的陰極尚未生陽之際相當。

雄陽播玄施，雌陰化黃包。

「雄」就是「陽」，雄陽是重複詞。「播玄施」，播種玄關施作，陽的時候就是在意識上浮階段，烏肝木階段。同理，「雌陰」就是兔髓金狀態，意識下沉，初學者出現的是類似深眠狀態，進階者會逐漸產生深度覺，也就是元神，因此會似睡非睡，身體睡著了，但是自己卻覺得是清醒的。進入兔髓陰之後，到了陰的極點，產生陽生。這個陽生是雌陰化解黃芽鉛所得，所以說雌陰把黃包給化解了，得到陽生。

混沌相交接，權輿樹根基。經營養鄞鄂，凝神以成軀。

「混沌」是在雌陰的狀態，也就是兔髓陰的狀態，烏肝木的能量進入陰，化解五臟的陰氣。「權輿」意思是剛開始的時候。「鄞鄂」原意是邊際界

線，但是引申為軀體，但是我認為這裡的引申義很有問題，因為這裡的引申義是來自於《參同契》，並非來自於其他古書，如果用同義詞「垠堮」可以查到《淮南子》：「所謂有始者，繁憤未發，萌兆牙櫱，未有形埒垠堮。」這裡的「垠堮」很明顯地，就不是「軀體」的意義，而是原來的意義「邊際界線」，或者我們可以說是一個範圍，一個場域，還沒有形體出現之前，已經有一個場域出現了。因此我認為根據《淮南子》，「鄞鄂」應該不是軀體的意思，應該是一個場域，也就是玄關竅。

所以整句的意思是在入陰混沌相交之時，這是樹剛開始要發的根基，「樹」指的是陽生，混沌是陽生的根基。經營養育玄關竅，才能凝神產出真人。這裡講的「凝神」不是注意力專注，而是經由混沌之後的陽生，產出元神，凝聚元神的力量，才能產生有軀體的真人。

我們要知道《參同契》裡面是包含了《上古龍虎經》，扣除魏伯陽和淳于叔通加入的《易經》部分，各位應該可以很清楚地看出來，關於真人內景的描述或者原理，可說是《上古龍虎經》的內容了。

眾夫蹈以出，蠕動莫不由。

陰陽的道理，套用到人類的出生，甚至包含昆蟲類都是如此。

聖人上觀章第四

　　於是仲尼贊鴻蒙，乾坤德洞虛，稽古當元皇，關雎建始初，冠婚氣相紐，元年乃芽滋。

　　於是孔子讚嘆天地之氣，乾坤陰陽之德「洞虛」，這裡的「洞虛」乍看之下，會以為是講玄關竅，但是我們仔細看《易經繫辭》：「乾坤其易之門邪？乾，陽物也；坤，陰物也；陰陽合德，而剛柔有體，以體天地之撰，以通神明之德，其稱名也雜而不越，於稽其類，其衰世之意邪？」並非指玄關竅，而是指陰陽奧妙通神明之德，也是讚嘆之意。「稽古」，考察古代之事，「當元皇」，當從最初始的堯舜帝皇開始，指的是《尚書》從堯典舜典開始。《詩經》則是從關關雎鳩開始。《禮記》以冠禮和婚禮為氣之樞紐，冠禮為成人之禮，婚禮為陰陽相交之禮。而《春秋》則以元年為初始紀年，芽茲，發芽，為初始之意。

　　聖人不虛生，上觀顯天符。天符有進退，屈伸

以應時。

上一段講五經之始，孔子讚陰陽鴻蒙不是虛妄之說，上觀顯露天道的徵象，天道因應時機，有進有退，有曲有伸。

故易統天心，復卦建始萌，長子繼父體，因母立兆基。

所以《易經》陰陽的道理是統領天道的核心。復卦上面五個陰爻，底下一個陽爻，是冬至之卦，象徵陰到極點，一陽在底下蟄伏，所以是「始建萌」，陽欲發未發之際，陽欲萌生之際。復卦上面坤卦，下面震卦，震卦代表長男，震卦的初爻來自於乾卦，乾卦是陽之父，所以震卦代表長子，最初是來自於陽父乾卦。但是震卦上面是坤卦，一陽於最底下，欲發未發之際，如同胎兒在母體之中，故稱為「因母立兆基」。震卦代表一陽生，來源就是兔髓陰，也就是母體，一陽生來自於兔髓陰達到陰極，才能產生一陽生。

消息應鐘律，升降據斗樞。

其中的消息變化因應鐘律，「鐘律」是古代的編鐘音律，修煉當中的變化跟音律相應。而升降則根據北斗七星之樞紐。音律變化多端，就如同修煉過程中，有各種現象，而這個升降就代表陰陽的升降。雖然修煉過程如音律變化多端，但是陰陽升降的大趨勢卻如同北斗七星有其規律。

這段的解釋各家各派皆不同，但是不管哪一家，意義上都說不通，都和實修上有很大的脫節，因此我上面的解釋，與各家註解的方式完全不同，而是以無為法為基底領悟出來的，只有以無為法為根本才能煉出這樣的現象，才有辦法解讀這段。無為法在煉的過程中，幾乎每個人都能感受到一種無法預期的過程，各種現象變化多端，如同音樂一般，每一首歌都有獨立的個性，雖然只有七個音階，卻變化無窮，修煉過程也是如此，人人過程都不同，每次過程都不同，但是陰陽升降卻按照一個巨大的規律，人人皆相同。這句話隱藏了這一個重大的祕密，這個祕密只有煉無為法的人，才能親身體驗到，若煉的是有為法，絕對不可能產生這樣的現象。從這句話，可以得知，魏伯陽不是只有拿《易經》的陰陽來反覆論說而已，對於過程他也是有實修的，否則他不會說出這樣符合實修現

象的話。

三日出爲爽，震庚受西方。

「三日」，初三。「爽」，明亮。初三月開始出現亮光，代表陰極生陽，前面說過震卦上面兩個陰，底下一個陽，代表陰極生陽的一陽生，跟前面講的初三月開始發光一樣，「庚」是西方，這時候的月在黃昏時出現在西方，有雙重含義，除了天文學上初三月出現在西方之外，西方代表兔髓金，同時也代表一陽生出現在兔髓金的後面。

八日兌受丁，上弦平如繩。十五乾體就，盛滿甲東方。

「丁」是代表南方，上一句的「庚」代表西方，天干和方位的關係是兩個一組對應一個方位，甲乙對應東方，丙丁對應南方，戊己對應中央，庚辛對應西方，壬癸對應北方。其中一個陰，一個陽，例如戊己雖然同樣對應土，但是戊為陽，己為陰，所以常講的煉己，意思就是煉陰土，也就是陰狀態下的土，例如潛意識、潛藏的價值觀。

八日，初八，初八是兌卦。初三的時候月光剛開始出現，到了初八月光更加清楚了，已經形成上弦月，黃昏時出現在南方，丁的方位。兌受丁，初八兌卦時上弦月出現在丁位南方。這時候的上弦月扁平如一條繩子。到了十五，乾體成就，乾體就是純陽，也就是滿月。滿月會在黃昏時，出現在東方，甲的方位。

所以天干和方位的對應，不是隨便亂湊的，而是根據黃昏時月球的方位而定的。例如甲乙東方，對應十五黃昏時滿月出現在東方。丙丁對應南方，對應黃昏時月球出現在南方。

蟾蜍與兔魄，日月無雙明，蟾蜍視卦節，兔者吐生光。

「兔魄」代表陰，「蟾蜍」代表陽。兔魄是陰，毫無懸念，但是蟾蜍一般被視為月的代名詞之一，跟兔一樣，為何在這裡變成日光的代名詞？

在許多註解當中提到，蟾蜍必須經常曬太陽，而查詢了飼養蟾蜍的資料，也發現蟾蜍必須曬太陽才行，因此若是在室內飼養蟾蜍，還必須另外準備燈光才行。所以蟾蜍雖然是夜行性動物，但是白天卻需要

大量的陽光。

日月無雙明，有的版本是日月氣雙明，顯然日月無雙明意義上是比較合理的，日月沒有同時兩個一起明亮，太陽明亮，月亮就不明亮了。

蟾蜍代表日光，卦節就是八卦的陰陽變化，太陽升起就白天，太陽落下就黑夜。兔魄代表月光，月光跟太陽不一樣，不是一出現就全亮，一消失就全暗，月光是有吞吐的，初一暗，十五亮，所以月的光是有吞吐的，和太陽的陰陽是不同的。

七八道已訖，曲折低下降。十六轉受統，巽辛見平明。

後面那句講的是十六，可見得前面的七八不是乘法，是加法，七加八等於十五，十五滿月，故稱為「道已訖」，已經完成、圓滿。「曲折低下降」，十五滿月之後，就開始月虧。十六以後，陰越來越多，陰比陽強，陽為天、陰為地，陽為君、陰為臣，所以陰大於陽，稱為「受統」。巽卦，上面兩個陽，下面一個陰，代表一陰初生，也就是十六以後，陰開始越來越多。「平明」，平旦，黎明。十六之後，清晨就可以看見一陰初生的月亮出現在辛位西方。

艮值於丙南，下弦二十三，坤乙三十日，東方
喪其明。

　　艮卦下面兩個陰，上面一個陽，艮卦的陰又比巽
卦更多了，月球的亮光範圍更少了，代表二十三日的
下弦月，當值於丙位，也就是南方偏東，亮面朝東，
這時候的下弦月只能在清晨看得到在南方，其實清晨
的時候，這時月亮在半空中。

　　到了坤卦，全部都是陰爻，代表三十日，就連本
來清晨看得到的下弦月也不見了，所以說「喪其
明」。

天干	甲乙	丙丁	戊己	庚辛	壬癸
初幾	十五滿月乾 三十晦坤	初八上弦月兌丁 二十三下弦月艮丙		初三新月 十六之後平明辛西	
月相方位	黃昏時東	黃昏時南	中	清晨時西	北
八卦	乾，坤	兌，艮		震，巽	坎，離

前面關於月相與方位八卦天干的關係整理如上表，很明顯的，《參同契》沒有提到北和中，而八卦和方位的關係與後面的《說卦傳》完全不同，所以筆者的看法和呂洞賓相同，八卦的部分參考參考就好，不用太認真。

　　節盡相禪與，繼體復生龍，壬癸配甲乙，乾坤括始終。

　　一個月的卦節都輪完之後，最後一個卦節又回到第一個卦節，壬癸最後輪完又回到甲乙，過程中陰陽始終在其中運作。

　　七八數十五，九六亦相應，四者合三十，易象索滅藏。

　　七加八等於十五，九加六也等於十五，七加八加九加六，四個加起來等於三十，《易經》的卦象潛藏在其中。《易經繫辭》：「天一地二，天三地四，天五地六，天七地八，天九地十。天數五，地數五，五位相得而各有合。」

　　最後一句「易象索滅藏」，清代的版本大多為

「陽氣索滅藏」，而宋代俞琰的版本為「易象索滅藏」，本書採用較早的俞琰版。而「易象索滅藏」也較「陽氣索滅藏」合理，畢竟講的是《周易》。

《說卦傳》：「帝出乎震，齊乎巽，相見乎離，致役乎坤，說言乎兌，戰乎乾，勞乎坎，成言乎艮。萬物出乎震，震東方也。齊乎巽，巽東南也，齊也者、言萬物之絜齊也。離也者、明也，萬物皆相見，南方之卦也。聖人南面而聽天下，嚮明而治，蓋取諸此也。坤也者、地也，萬物皆致養焉，故曰：致役乎坤。兌、正秋也，萬物之所說也，故曰：說言乎兌。戰乎乾，乾、西北之卦也，言陰陽相薄也。坎者、水也，正北方之卦也，勞卦也，萬物之所歸也，故曰：勞乎坎。艮、東北之卦也。萬物之所成終而所成始也。故曰：成言乎艮。」

表一：《說卦傳》方位

東南，巽	南，離，火	西南，坤
東，震，木	中，土	西，兌，金
東北，艮	北，坎，水	西北，乾

表二：洛書

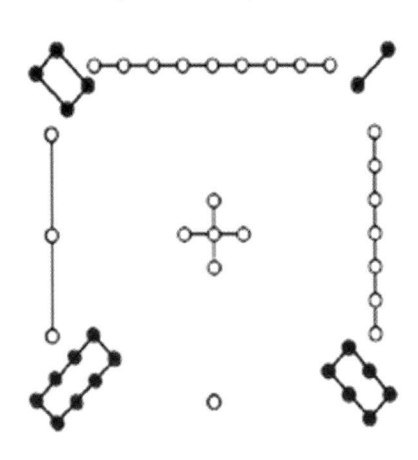

表三：表一《說卦傳》方位搭配表二洛書

東南，巽，四	南，離，火，九	西南，坤，二
東，震，木，三	中，土，五	西，兌，金，七
東北，艮，八	北，坎，水，一	西北，乾，六

八卦布列曜，運移不失中。

八卦分布排列如同星辰在天空中閃耀，「運移不失中」，運作移動離不開中土。

元精眇難睹，推度效符證。

元精渺冥難以被看見，但是可以效法天符卦象來驗證。

居則觀其象，準擬其形容。

《易經繫辭》：「聖人有以見天下之賾，而擬諸其形容，象其物宜，是故謂之象。」聖人看見天下幽深難見之至理，而能用各種具體事物來模擬形容，讓人更容易了解，這種以具體事物的形容方式，稱之為象。「居則觀其象，準擬其形容」就是講《易經繫辭》這段。

立表以爲範，占候定吉兇。

聖人立下河圖洛書以作為範本，占卜產生八卦以定吉凶。

發號順時令，勿失爻動時。

順應時機發出號令，勿失爻象變化的時機。

上察河圖文，下序地形流，中稽於人心，參合
考三才。

上察代表天象之河圖，下序代表地形流之洛書，
中稽考人心，綜合三者則為天地人三才。

動則循卦節，靜則因象辭，乾坤用施行，天下
然後治。（一本云，可得不慎乎，非是）

動則遵循卦節，靜則因應爻辭，乾坤陰陽施用其
中，這樣天下就能夠得到治理。

這一章基本上和丹道關係不大，各位讀者要知道
《參同契》經文裡面混了三個人的文章，第一個是真
正的大修行者，第二個是淳于叔通，第三個是魏伯
陽。根據學者研究，淳于叔通和魏伯陽應是同時代之
人，且互有來往，甚至有可能有傳承關係，而淳于叔
通所著《三相類》也在《參同契》的第三十二和第三
十三章中，因此筆者推論本章很有可能是魏伯陽所寫
的，關於《周易》的部分。

君臣御政章第五

御政之首，鼎新革故，管括微密，開舒布寶，要道魁柄，統化綱紐。

政治首要重要的是去舊革新，各方面的管理都能細密周到，開拓布置珍貴的措施，掌握重要的權柄，才能統化整體大綱和樞紐。

爻象內動，吉兇外起，五緯錯順，應時感動。四七乖戾，誃離俯仰。

《易經·繫辭下》：「爻象動乎內，吉凶見乎外。」爻象在裡面變動，吉凶就出現在外面的世界。金木水火土五行雖然參差錯落卻能順利運行，因應時間相互感應而移動，四七為二十八星宿，乖戾不和諧，在俯仰高度上脫離原先的軌道。

根據維基百科對二十八星宿的描述：「在歷史上，二十八宿具體包含哪些星座，以及各宿的距度、距星、次序，都曾經發生過變化。唐代《開元占經》

中保留了據說為戰國石申所觀測的古距度，其數值跟甘肅天水放馬灘戰國秦墓出土的簡牘、安徽阜陽雙古堆漢初汝陰侯墓出土的圓盤上的距度非常接近，而跟漢代以來的距度有較大差別，表明西漢時期曾對距星進行過大規模的調整和統一。《史記·律書》中記錄了另外一套可能繼承自戰國甘德的二十八舍系統，其中沒有斗、觜、井、鬼，而有建星、罰、狼、弧，可能是更為古老的體系。甘德二十八舍系統相對石申的二十八宿系統，分布更加平均，所以也有可能是原始二十八宿調整後的結果。

　　變動的原因之一在於歲差。由於歲差的作用，二十八宿之間的距度會發生緩慢的變化，加上二十八宿並非均勻分布，相互之間有近有遠，所以某兩顆非常靠近的距星之間的距度可能會變成負數，相對位置互換。例如13世紀之後，觜宿的距星（獵戶座φ）和參宿的距星（獵戶座δ）的赤經順序前後調轉。明末清初的耶穌會傳教士發現這一點後，更換了觜宿和參宿的順序，從觜前參後變為觜後參前，卻遭到了相當激烈地反對。最終，乾隆十七年（1752年），通過將觜宿的距星改定為獵戶座 λ，參宿的距星改為獵戶座 ζ，恢復了觜前參後的傳統。原先的兩顆距星則變為觜宿二和參宿三。」

文昌統錄，詰責臺輔，百官有司，各典所部。

文昌星統領眾星，有責問如宰相地位的臺甫星的權力，百官各有所司，各自典守掌管其部門。

（日含五行精，月受六律紀。五六三十度，度竟復更始。）

此段應是錯簡，故參考朱元育版，搬移至第三章。

原始要終，存亡之緒，或君驕佚，亢滿違道。或臣邪佞，行不順軌。弦望盈縮，乖變凶咎。

文昌星如同執法大臣，溯源要從開始到終了，找出造成生死存亡之頭緒，有可能是為君者傲慢放縱，位高卻違反天道。有可能是為臣者奸邪諂媚，不走正道。就像是弦月變成望月，應該是滿月卻縮小了，變故災禍連生。

執法刺譏，詰過貽主。辰極受正，優游任下。

明堂布政，國無害道。

　　這時候代表文昌星的執法者就要出言刺激，責問君主的過錯，這樣代表君主的辰極北斗星就能受到矯正，優游自在的任命部下，於大堂之上頒布政事，國家就沒有害道造成的隱患。

煉己立基章第六

內以養己，安靜虛無。

「己」為陰土，不是自己的己，是中宮土戊己的己，內以養己，就是所謂的「煉己築基」的煉己，屬於覺察內在心靈的功課，養己就是養清淨意土，很多人以為養己就是壓抑念頭，沒有念頭，因為後面的安靜虛無很容易誤導，因此很多人使用一些技巧，讓自己的意識狀態處在一種聚焦於一個點的狀態，而這種方式其實還有一個最後一念，表面上看起來似乎沒有念頭，其實最大的念頭就是自我意識的聚焦能力，這個聚焦能力就是最後一念，很多人發現經由各種技巧，觀想、念咒、導引等等，可以把自我意識聚焦在一個點，以為這就是「無我無念」，事實上這並非無我無念，只要自我意識聚焦能力還在，就是有我有念，很多人就卡在這個關卡，因此放不下最後一念，最後的意識，因此無法煉出金丹，煉己這個環節可說是丹道修煉中最難的部分，只要這個部分沒有領悟，幾乎再也無法煉得更深了。

所以「安靜虛無」的現象，並非基於「置心一處」，而是基於「養己」，養清淨意土，「置心一處」與「養己」的差異，這個重點非常地重要，一個是把注意力集中在一個點，一個是覺察內在，心無所求，而產生的清淨意土環境。覺察的時候，注意力是全面開放的、放鬆的、無為而治的，注意力剛開始是可移動的，並非置於一處，等到注意力自然而然停下來，進入烏肝光階段，就能產生「不守而自守」狀態，此時才開始慢慢進入「安靜虛無」的狀態，請各位讀者務必區分此兩者的差異。

　　另外有一個區分「置心一處」和「養己」的辦法，就是「置心一處」通常會採用許多技巧和密法，這是一個比較明確可以區分的辦法，只要使用到技巧和密法，例如呼吸法、觀想法、導引法等等，幾乎都是「置心一處」，就很難進入「養己」狀態。各位讀者不要迷信技巧和密法，相反的要遠離技巧和密法，因為這些都是用意識在操控，無法養出真正的清淨意土。

　　原本隱明，內照形軀。閉塞其兌，築固靈株。

　　原本陰暗不明，養己成功之後，就開始產生光

明，這裡講的就是築基成功，開始產生烏肝光，而烏肝光就是身體的靈光，故為「內照形軀」。

《道德經》：「塞其兌，閉其門，終身不勤。開其兌，濟其事，終身不救。」兌是口的意思，不向外開口，覺知向內。「靈株」就是呂祖《敲爻歌》裡面的「靈根」，也就是性功煉己的能力，覺知向內才能培養煉己的能力，如果覺知向外求，例如追求氣感為外，就沒有辦法培養靈株，所謂內外指的是「神」，包含識神和元神，尚未產生元神之前，則為識神，神以外的都是外。

三光陸沉，溫養子珠，視之不見，近而易求。

「三光」是哪三光？各家各派不同說法，有的說是日月星，有的說是精氣神，又或有可能是此光顏色眾多，主要有藍綠冷色系，黃色系，紅橘暖色系，故以三代表三色光，不管是甚麼光，都是烏肝光，如同北極光般地流轉。「陸沉」就是下沉，隱沒消失，「三光陸沉」就是烏肝光煉到後來，會隱沒消失。當意識下沉烏肝光就會消失，剛開始如同深睡，到後來半睡半醒，再後來覺知醒而身體仍深眠，如果到此狀態就已經是「識神隱元神顯」的開始了，這個狀態就

是兔髓金的狀態，也就是溫養狀態，「溫養」取沐浴水溫，神火已止火，用水燒過的餘溫來沐浴，故稱溫養。所以各位要知道，不管是講沐浴或溫養，指的都是止火狀態的兔髓金。

而「子珠」就是玄珠，尚未成形的金丹就稱為玄珠，在這裡就稱為子珠。子珠出現在兔髓金之後，也就是烏肝光先出現，然後意識下沉，進入兔髓金，然後意識上浮，出現子珠。而在兔髓金的意識下沉狀態，「視之不見」，也就是後期雖然元神開始覺醒，雖然有內在的第三眼視覺，但是「視之不見」，並非是眼睛的視力看見的，而是眼識隨同意識已經停止運作之後，浮現第三眼的內在視覺，故稱「視之不見」。「近而易求」第三眼的內在視覺非常近，就在眼前，而「易求」就看人了，如果煉對，如同前面講的，「內以養己」和「三光陸沉」煉到了，很自然地子珠就能出現，這時候才能稱為「易求」，如果沒有做到性功的「養己」，還用密法去追逐氣感，造成第三眼的視覺無法開發，自然就不可能稱為「易求」了，甚至煉上一輩子都不會出現「三光」的大有人在。

黃中漸通理，潤澤達肌膚。

「黃」是土的顏色，青赤黃白黑，木火土金水，五行配五色。「中」也是土的方位，東南中西北，同樣配五行木火土金水。所以「黃中」就是土，也就是前面提到的「養己」、「靈株」，養己的能力越來越強，內在的心靈環境越來越清澈，越來越不受深層欲念的牽引，功力日漸增長，身體肌膚也會改變，變得更加潤澤。

初正則終修，榦立末可持。一者以掩蔽，世人莫知之。

一開始就走上正路，最終就能修成正果。基榦成立，末節就可以把握。這個一開始就是「養己」，養己正確，後面就都對了。「養己」這一件事情貫通整個丹道始末，但是世人卻不知道，只知道追求旁門左道，喜歡把重點放在煉氣，這就大錯特錯了。

這章開始進入實修內容，學者研究《參同契》作者應該有三人，很明顯的，以卦象為主的作者，和以實修為主的作者，價值觀不同，以卦象為主的作者，只提到陰陽，卻沒有提到戊己清淨意土，這是很明顯的價值觀不同，卻放在同一篇文章當中。所以筆者在

這裡特別提醒讀者，《參同契》並非同一人所做，而是三人所做，到這裡為止，已經可以看到兩種不同的價值觀了，各位讀者在看的時候，《易經》的部分看過就好，不用太認真，真正有價值的，是實修部分。

　　實修部分可以很明顯地看到，實修的內容主要以「養己」為主，陰陽其實是修煉的過程，但是以卦象為主的作者，很明顯地，沒有體會到「養己」的重要，只有在陰陽部分發揮。因此兩種不同的價值觀混在同一本書當中，確實很容易讓人混淆到底這本書的核心價值到底是甚麼，其實不難區別，就是《易經》和天文月相的部分參考就好，與實修關係不大。

明兩知竅章第七

上德無爲，不以察求。下德爲之，其用不休。

上德無為，不追求特定目標。下德有所為，追求特定目標，而且汲汲營營永不休止。上德之人可以從無為當中找到自然演化的規律，下德之人只看到眼前的利益，追求物質，看不到萬物自然演化的規律，故難以修大道。上德之人可修道，下德之人難。

上閉則稱有，下閉則稱無。

要了解「上閉」、「下閉」就要先了解上下是甚麼，上面就是玄關竅，從金木開始都是上，下面就是氣感，水火階段就是下。所以上閉就是上面沒有運作，玄關竅還沒開的時候，煉的就是動功或者氣感，這時候稱為有。下閉就是下面沒有運作了，動作沒有，氣感也沒有，開始開啟玄關竅，稱為無。這個有無，主要是意識的有無，玄關竅一打開，意識就開始慢慢銷融，當烏肝光出現，玄關開始打開，就已經進

入文火階段，意識也只剩下模模糊糊的一半，到了兔髓階段，意識已經沒有了，所以這個有無，主要的區別就是後天的意識。

無者以奉上，上有神德居。

「無者」就是開啟玄關竅的狀態，玄關竅的打開代表築基成功，也代表最初的丹成形了，已經開始邁向成仙之路，故稱為「奉上」，「上」就是玄關竅，「有神德居」，玄關竅的修煉代表已經開始煉神，最終可以煉到金丹真人，故稱神德居，神德居住其中。

此兩孔穴法，有無亦相須。

第二句有些版本寫「金氣亦相胥」，本書採用宋朝俞琰版本的「有無亦相須」較為合理。這就是「兩孔穴法」，上孔穴為玄關竅，下孔穴為氣感或呼吸。有無兩者也互相需要，玄關竅的打開需要以水火階段的氣為材料，而水火階段的氣若沒有做為玄關竅的材料，也是不可能煉成金丹的。

知白守黑，神明自來，白者金精，黑者水基。

這裡講的已經是非常後面的階段了，也就是大圓月的階段，大圓月內為白，外為黑，大圓月階段之後，就產生神明——金丹真人。這個階段的大圓月裡面的白是來自於金的精華，兔髓金的精華，黑是背景，來自於水基，就是烏肝木。

水者道樞，其數名一。

水是入道的樞紐，天一生水，水的順序排名第一，一切的修煉都從水開始。而水生出來的木就是已經入道了。

陰陽之始，玄含黃芽。五金之主，北方河車。

「玄」在這裡的意思就是黑，代表水，陰陽剛開始就是水火階段，從水開始。這裡的「黃芽」定義是烏肝光，「玄含黃芽」的意思就是，水火階段的氣內含烏肝光，也就是烏肝光的來源是氣，光和氣一體兩面，氣以身體觸覺為感官，光以第三眼為感官。

「五金」，可能是五行，木火土金水，最初一開始就是水，水火土相交產生木金，木金土相交產生金

丹。「北方河車」就是氣。氣是陰陽之始，下手處，所以一開始是煉氣，然後氣產生黃芽，就是烏肝光，才開始進入下閉無者玄關竅階段。

故鉛外黑，內懷金華，被褐懷玉，外為狂夫。

「鉛」就是木，烏肝光，「外黑」，黑代表水，鉛的外皮是來自於水，鉛是光，水是氣，也就是光是來自於氣，而氣內懷金華，金華就是光。披著粗布衣服，裡面卻包含著珍貴的玉，「褐」是粗布衣服，代表氣，氣相對於光，是很粗糙，比較低階的能量形態，而「玉」代表烏肝光，是比較高階的能量形態。「外為狂夫」，外就是氣，煉氣的時候，像是狂夫，發狂的人。所以各位讀者，煉氣絕對不是乖乖坐著不動，坐著不動只會壓抑氣，讓本來應該百日就能築基成功的烏肝光，變成需要好幾年才能煉得成。煉氣的時候就像是發狂的人，說穿了，就是自發功，煉氣最有效率的形態就是自發功，像一個發狂的人，這樣效率是最高的。所以各位讀者不要怕丟臉，要煉氣就要站起來動，不要坐著不動，坐著不動恐怕煉上一輩子，都煉不出足以轉化成光的氣。

金為水母，母隱子胎。水為金子，子藏母胞。

五行木火土金水，木生火，火生土，土生金，金生水，故金為水母。但是在丹道之中，水火生金木，必須是五行顛倒，這一點在呂祖詩當中說得非常清楚，「金為浮來方見性，木因沉後始知心。五行顛倒堪消息，返本還元在己尋。」因為《參同契》作者有三人，故推論此段應為非實修者所寫，也就是前面《易經》部分作者所寫。在第十章有一句「金本從月生」，就符合丹道的次第，兔髓金來自於月，也就是陰。

真人至妙，若有若無。彷彿大淵，乍沉乍浮。

本段應為三人中之實修者所寫，因為根據筆者的實修經驗，確實符合此現象。這段寫得非常白話，但是若非真正煉到此處，恐怕還是難以理解。真人階段非常奧妙，非境界到此者可以理解的，真人出現的時候，若有若無，一下子沉一下子浮，這個部分筆者保留更多細節，因為筆者經常收到道友表示見到真人，但是依照筆者所接收到的訊息，目前為止，幾乎都是幻境，並非真實的真人。

真人內景必然有相關的次第，這一點在筆者其他著作當中已經寫得很清楚了，有許多道友沒有產生相關的次第，也沒有煉就清淨意土，因此將幻境當作真人的情況非常普遍，可以說到目前為止，遇到的都是如此，因此為了避免有人因為筆者的描述過於真實，而引發相關幻境，因此筆者保留更多的細節。

　　退爾分布，各守境隅。

　　退而分布到各自的位置，呈現整齊劃一的排列。
　　這是陽生的特徵之一，不管是初期的小曼陀羅，或者中期的大曼陀羅，或者晚期的金丹真人階段，都會產生這樣的特徵，其中的奧妙，若非親自煉到，根本無法理解。
　　唯一能說明的類似情況，只有全息投影的底片，據說全息投影的底片如果剪成兩張，就會出現兩張一樣的圖片，剪成四張，就會出現四張一樣的圖片，陽生特徵也是如此，因為某種因素，會被拆成特定數量，以不同的方式排列整齊。

　　採之類白，造之則朱。

這是第三階段陽生的獨特現象，在第二階段陽生的大小曼陀羅當中都不會出現。類白和朱是金丹在不同情況下的光色，能量往上提升之際，呈現朱紅色，能量被用掉了，往下降之際，就呈現白色。這是最大的奧祕，但是即使筆者把這樣的奧祕公開寫在書裡面了，相信應該也無人看懂到底在講甚麼。

煉爲表衛，白裏眞居。

這句話也是第三階段陽生初期的現象，重點是在「白裏真居」這句話，呼應「知白守黑，神明自來」，白就是大圓月的白，神明自來，來到哪裡？就來到大白圓月裡面。這是筆者於2011年所煉到的親身經歷，大白圓裡面就有最初的真人出現在裡面，剛開始就一個影子而已，要煉到更後面的「真人至妙，若有若無。彷彿大淵，乍沉乍浮。」，才會清楚。

這一章可說是《參同契》最精華的部分，也就是最原始的《龍虎經》的部分，是毫無懸念的，前面的《易經》部分，可說是魚目混珠，只知道根據陰陽而已，對於實修的第三階段陽生，根本沒有講到重點，所以各位看《參同契》要注意，真正的精華在於《龍虎經》的第三階段陽生內景，《易經》卦象月相的部

分，其實是毫不相干，可以捨棄不論的。

方圓徑寸，混而相拘。

「方圓勁寸」就是玄關竅，就在眼前，不是眼睛，是第三眼的內在視覺。「混而相拘」，不管是第二階段陽生的小曼陀羅，或者是第三階段陽生的真人曼陀羅，都是出現在玄關竅，如果是如同切開的全息底片，則都會出現相同的影像，看起來好像混在一起，又互相限制牽引。其實這是一種類似電磁化的整齊排列，但是現今科學還沒有具體的研究成果出來，只能說未來如果有可能，是否有科學家能研究出電漿的電磁化排列模型，或許能從其中找到一絲答案。

先天地生，巍巍尊高。

這句應該是《龍虎經》作者對真人的猜測，猜測真人是「先天地生」，比天地還早出現，非常高大上，筆者認為真人應是比量子領域更深層的物理存在，現在科學當然是還不到可以解釋的程度，但是量子力學相關的許多神奇現象，卻跟實修現象相當接近，有許多實修現象，在牛頓定律之下找不到答案，

在量子力學下似乎可以找到一點點解釋。

例如測不準定律，講的就是觀察者的意識本身就能影響測量結果，也就是意識並非獨立於物質世界的存在，意識本身就具有神奇的力量，意識就是神火，對於意識的存在方式，有待更深的物理學來解開謎團，起碼測不準定律，告訴我們一個神奇的真相，觀察者本身就會影響觀察結果，物理界的觀察結果並非客觀於觀察者的觀察。

旁有垣闕，狀似蓬壺。

《教育部重編國語詞典修訂本》：「傳說海中仙山蓬萊，形如壺器，故稱為蓬壺。」旁邊有圍牆，形狀類似蓬壺，這講的是真人還沒成形的時候，還在「白裏真居」狀態下，旁邊有圍牆，這個圍牆其實就是原來的圓月的邊，換句話說，第二階段陽生的小曼陀羅，慢慢發展成大曼陀羅，又發展成大圓月，大圓月裏面又長出未成形的真人剪影，如果是已經成形的真人，就沒有這個圍牆了。

環匝關閉，四通踟蹰。

「環匝」，圍繞。「踟躕」，往復徘徊的樣子。這段依然是三階段陽生，屬於比較後期的真人階段，這個階段筆者也還沒煉到，也只能猜測。圍繞著中央的最初的真人空間，四個方向互通且來回徘徊。

守禦密固，閼絕姦邪。

此時必須要防禦守備堅固縝密，杜絕姦邪之外事，以免失去第三階段陽生的真人階段。講的是到這個階段務必杜絕性慾和其他不好的事情，避免能量喪失而退步，因為第三階段陽生需要很大的能量才能衝上去，衝上去之後，並不是一了百了，就一直能夠維持住，而是必須非常小心，生活中一旦有了喪失能量的事情發生，第三階段陽生就會退下來，退下來之後，要再煉上去，就又得花上好幾年的時間，而且人的年紀越來越大，當不再年輕，要再煉回第三階段陽生，機會就會越來越渺茫。

曲閣相通，以戒不虞。可以無思，難以愁勞。

此時曲折的門扉彼此相通，要對意料之外的事情有戒心，這時候的狀態可以無思，也就是整天都在入

定態當中，難以愁勞。這講的都是第三階段陽生的狀態，這時候的意識狀態是相當不同的，意識已經不是主體，背後元神才是主體，不像所謂的修煉覺知，還須要刻意提起覺知，此時的覺知狀態處在一種毫不費力的極特殊狀態，像是背景才是自己，前台是以前的自己，也就是以前掌管自我感的自我意識，現在變成了前台，後面還有一個背景元神，看著自我意識在運作。思考方式也怪怪的，不太容易思考，也不太容易動念，不像沒有第三階段陽生的時候，常常有雜念，在第三階段陽生的時候，沒有雜念。

　　筆者曾經有大約半年的時間處在這樣的狀態，但是因為工作生活各項原因，沒有辦法維持住，又掉了下來，其實除了自我意識的改變之外，身體也有很大的改變，例如斬赤龍造成生理期異常，睡眠蓋造成晚上睡覺都是元神主事，其實是醒著睡的，內在元神醒著，身體是睡著的，對於外在的氣場非常敏銳等等，也因為曾經有大約半年的時間處在這樣的狀態下，也走過相關的次第，從此對於丹經佛經的內容就得到了答案，對於許多大師的解說與實修不符，也難以認同，因此開始寫書，希望能把真相公諸於世。

　　　　神氣滿室，莫之能留。守之者昌，失之者亡。

動靜休息，常與人俱。

　　煉到第三階段陽生的人雖然充滿了神氣，但是這種神氣是無法長存的，能夠好好堅守的人就能夠繼續在第三階段陽生昌旺，不能好好堅守的人就會失去這種狀態。煉到第三階段陽生者動靜修息，與常人無異，外表看不出來有甚麼不同。

　　所以有許多下德之人，喜歡用怪力亂神或神通現象來判斷功力高低，最終的下場就是被宗教詐騙者所欺騙。真正的修道，必須是上德之人才有辦法領會其奧妙之處，下德之人只能相信謊言。

　　這第六章、第七章幾乎可以確定是《龍虎經》的內容了，《參同契》並非所有的內容都具有高度的實修價值，所以各位讀者在閱讀《參同契》之時，要了解有些部分是精華，有些則是後人裝飾之作而已。

明辨邪正章第八

本章批評各類旁門左道。

是非歷臟法，內視（觀）有所思。

本書採用彭曉版，內視有所思，「歷藏法」也是內視五臟，有的註解版認為內視五臟之光，「有所思」，內視還有所思，就是觀想法，本段批評觀想法非正道。

履行步斗宿，六甲以日辰。

按照天干地支之日辰，踩著斗宿之步。六甲日是天干地支共六十天，其中包含甲的有六天，《漢書》：「故日有六甲，辰有五子，十一而天地之道畢，言終而復始。」本段批評照天干地支日期時辰而踩斗宿步法非正道。

陰道厭九一，濁亂弄元胞。

本段批評房中術非正道。

食氣鳴腸胃，吐正吸外邪。

本段批評斷食腸胃鳴叫和呼吸吐納非正道。

畫夜不臥寐，晦朔未嘗休。身體日疲倦，恍惚狀若癡。

本段批評經年累月不躺在床上睡覺，例如不倒單，造成身體越來越疲倦，累得恍惚好像癡呆一樣，非正道。

百脈鼎沸馳，不得清澄居。

身體百脈像燒開水一樣地沸馳，整天都覺得熱氣滾滾，氣在百脈奔馳，不得清靜。這段批評煉氣功的，特別是搬運法的，但是因為很多註解者本身都在煉氣，甚至覺得熱氣滾滾或者氣感繞馳是一種功力，所以很少有人往這個角度註解，即使文字表達上很清楚的寫著「百脈鼎沸馳」了，還是裝作看不懂。所以

這段是批評煉氣非正道。

累土立壇宇，朝暮敬祭祀。鬼神見形象，夢寐感慨之。

堆土蓋廟，早晚祭祀，以形象方式祭拜鬼神，在心中留下深刻印象，自然睡夢之中就會夢見，就以為鬼神來相見了。批評宮廟朝拜非正道。

心歡意喜悅，自謂必延期，遽以夭命死，腐露其形骸。

這些旁門左道讓人高興，自己以為就此長生不死，但是很快就會早夭而死，屍體腐敗暴露形骸，並非走了旁門左道就能長生不死。

舉措輒有違，悖逆失樞機。

這些旁門左道舉止悖逆正道，喪失修道的樞機。

諸術甚眾多，千條有萬餘，前卻違黃老，曲折戾九都。

旁門左道很多，成千上萬，違反黃老修行正道，只是浪費時間白費功夫，背離正道，早晚入九都地府。

　　以上這些旁門左道，目前還非常熱門的，甚至自詡主流正道的，還有觀想法和煉氣搬運法，這兩者在現代隨處可見，傳承數千年而熱度不減，可惜早在兩千年前的漢代，就被寫出來是旁門左道了，這點請各位讀者特別注意。

　　明者省厥旨，曠然知所由。勤而行之，夙夜不休。

　　「厥」，其。明白的修道人能夠省察上述的意旨，心地坦蕩寬闊知道修道的原由，因此不會被旁門左道吸引，能夠走在正道上，勤而行之，日夜不休。這裡講的夙夜不休不是講不倒單，而是講整天都能夠努力地實修。

　　伏食三載，輕舉遠游，跨火不焦，入水不濡，能存能亡，長樂無憂。

努力三年之後，就能夠「輕舉遠游，跨火不焦，入水不濡，能存能亡」，這一段應該是吹牛了，長樂無憂是比較務實的。各位要知道，《參同契》是多人混作，我們要看的是實修的部分，不切實際的部分，參考就好，不用太認真。

道成德就，潛伏俟時。太乙乃召，移居中洲，功滿上升，膺籙受圖。

這段跟上一段一樣，也是吹捧成就，呂洞賓說過，三年才只能煉到哺乳，九年才能功成，不知道這裡寫三年的到底是《上古龍虎經》還是後人寫《易經》的那位，筆者認為應該是寫《易經》的那位，那位程度比較差，應該是沒有煉成，所以才會以為三年就能夠煉成，事實上三年是不夠，這也就是為什麼大部分的人都煉不成，不是被旁門左道吸引了，就是堅持力太差。而且後面這幾句話都是四個字一組，跟前面五個字一組的，不太搭，如果是同一個人寫的，應該就不會有這種字數不統合的情況，猜測這段四字一組的，應該是程度比較差的後人加上去的。

龍虎兩弦章第九

火記不虛作，演易以明之。

　　《火記》是一本已經失傳的丹道經典，第十三章提到「火記六百篇」，「火記不虛作」意思是《火記》這本書不是亂寫的，以《易經》演示來顯明丹道火候之意。筆者推估《火記》應該在漢朝時就已經失傳了，所以《參同契》的其中一位作者才會在《參同契》當中加入大量的《易經》概念，或許想要還原《火記》一書的面貌。但筆者認為以《參同契》這位作者所描述的《易經》概念，與丹道修煉的實務關係不大，感覺有點硬加上去，造成幾乎所有的註解家都看得出來，《參同契》並非同一人所作，起碼《易經》部分跟實修部分就非同一人。

　　偃月法鼎爐，白虎為熬樞；汞日為流珠，青龍與之俱。

　　「偃」，仰。「偃月」，仰月，上弦月。上弦月

之時，黃昏時月亮會在西方，「白虎」代表西方金，所以偃月（上弦月）以白虎為樞紐，上弦月時的鼎爐是以白虎西方為熬煉的樞紐。上弦月是從陰到陽的過程，下弦月是從陽到陰的過程，所以上弦月從陰到陽在丹道的實務上，就是兔髓金的階段，也就是陰極生陽的階段。

上一句用偃來形容月，也就是仰躺的月，做為形容上弦月。這一句用的「汞」也和「偃」的用法相同，「汞」代表流動的珠粒。「日」是太陽，不會流動，這裡講的日是日精，也就是烏肝光。烏肝光流動的方式就很像汞之流珠。「青龍」則是烏肝的代稱之一。

舉東以合西，魂魄自相拘。

「東」就是烏肝木，「西」就是兔髓金，「魂」是烏肝，「魄」是兔髓。東方烏肝木的狀態尚有意識，因此用「舉」這個字形容，而西方兔髓金的意識狀態已經停止運作了，等於是用溫養的狀態去煉的，溫養就是水燒開了，火停掉，用剩下的有溫度的水來沐浴，所以沐浴、溫養講的都是兔髓金的意識下沉狀態，所以用「合」這個字，因為這個狀態已經是無重

力滑行狀態，是用停火的餘溫去煉的。這樣東西陰陽交替之後，東方魂和西方魄就會自然相交，產生玄珠，故稱「自相拘」。

上弦兌數八，下弦艮亦八，兩弦合其精，乾坤體乃成。

初八上弦月對應兌卦，下弦月對應艮卦，也是十五之後又八天，上下兩弦月對應東西魂魄相拘，故稱「合其精」，這樣「乾坤體」也就是陰陽體——陰陽交替所產生的東西，就是玄珠、金丹或真人就能因此煉成。

二八應一斤，易道正不傾。

兩個八剛好一斤，遵循陰陽交替原則，如同《易經》之道，正而不傾斜。所以各位把握一個原則，只要修煉法沒有符合陰陽交替的，基本上都是旁門左道，例如觀想法、搬運法、祭祀、自我銷融法、自我催眠法等等，數以千計萬計，罄竹難書。

金返歸性章第十

　　金入於猛火，色不奪精光。

　　把黃金放入猛火中，不管怎麼燒，黃金都能保持原來的光色。

　　自開闢以來，日月不虧明。

　　自從開天闢地以來，日月的光明都沒有虧減，還是一樣的光明。

　　金不失其重，日月形如常。

　　燒過的黃金不會喪失任何重量，日月不管過多久，形象依然如常不變。

　　金本從月生，朔旦日受符。

　　而丹道當中的「金」──兔髓金，本來是從月而

生的，兔髓金生於陰，修煉當中陽極生陰，這個因為陽極而產生的陰就是兔髓金，月就是陰的代名詞，故稱金本從月生。

「朔旦」是初一，代表陰極生陽，一陽生。一陽生之際，「日受符」，陽開始作用。

金返歸其母，月晦日相包。

上一句說金從月生，所以月是金的母，金返歸其母，金返歸月，也就是陰。

「月晦」就是每月的最後一天，此時陰到極點，陽欲發而未發，陽包含在陰當中，故稱「日相包」。

隱藏其匡廓，沉淪於洞虛。

在月晦之時，陰到了極點，玄關竅的邊界都隱藏了，整個玄關竅沉淪於洞虛，換言之，玄關竅都沒有了，玄關竅只有在陽的時候才會出現，陰的時候玄關竅就會慢慢地消失，到了陰的極點，玄關竅是整個沒有了。

金復其故性，威光鼎乃熺。

在月晦之時，陰到極點，甚麼都沒有了，等到朔旦初一之時，一切又重新開始，此時一陽生，威力強大的光充滿了鼎，鼎就是玄關竅，威力強大的光就是第二階段陽生的特殊光內景。

二土全功章第十一

子午數合三，戊己號稱五。

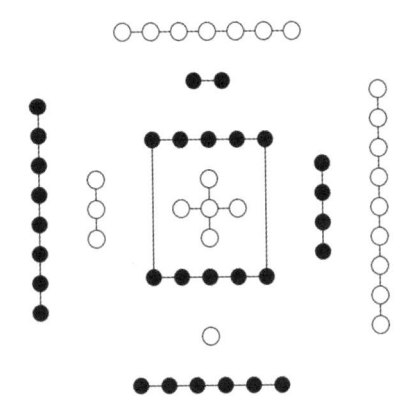

表四：河圖

　　《禮記正義》卷十四鄭玄注《易・系辭》云：
「天一生水於北，地二生火於南，天三生木於東，地
四生金於西，天五生土於中。」子為陰，北方，為水
的代名詞。午為陽，南方，為火的代名詞。所以子是
天一，數字一，午是地二，數字二，子午數加起來是

三。天五生於土中，戊己就是土。

三五既和諧，八石正綱紀。

三是水一火二，所以是水火階段的意思，五就是土，水火加上陽土，就能產生金木。

八石有雙重含義，八石原意為硃砂、雄黃、雌黃、空青、雲母、硫黃、戎鹽、硝石，引申含意為外藥，相對於烏兔小藥是內藥，而水火土是煉出烏兔小藥的材料，因此稱為外藥。所以雙重含義一個是八種礦物代表外藥，一個是水火土，三加五等於八。

整個意思是水火土階段煉對了，就能產生烏兔小藥所需要的材料了。

呼吸相貪欲，佇思為夫婦。

這句話很有意思，最早的後蜀彭曉版寫「呼吸相貪欲」，註解裡面卻寫成「呼吸相貪育」，而其他版則改成「呼吸相含育」，而蔣一彪版寫「呼吸相含育」，蔣一彪版源自楊慎版，也就是所謂的古本，如果是古本怎麼會跟彭曉版的「呼吸相貪欲」不同，而跟後來的改寫版「呼吸相含育」同呢？從這句話也大

概能推論楊慎版非古本的可能性更高了。

朱熹版寫「噱吸相貪欲」，「噱」為令人大笑，很明顯語意不合，應是誤抄，所以朱熹版應為「呼吸相貪欲」與彭曉版相同。

其他版會改成「呼吸相含育」有很大的可能是因為搬運法已經取代正統丹道，而搬運法則以呼吸為修煉主體，因此這些煉搬運法的註解者很難接受《參同契》裡面寫「呼吸相貪欲」，因而認為是誤抄，就擅自修改內容了。

但是我們看到最早的彭曉版，和比較早期的朱熹版，都是「呼吸相貪欲」，因此「呼吸相含育」應是後人竄改的。

這個「相」有兩種解法，第一種是「互相」，第二種是「相貌，模樣」，很明顯的，如果翻譯成互相，應該是後面放一個動詞，例如貪戀，但是放的是名詞，貪欲，所以翻譯成第二種是比較合理的，也就是呼吸的煉功型態是一種貪欲，貪戀氣感，而貪戀氣感在前面也提到，是七大類旁門左道之一，而這裡又提出來一次，可見得即使在漢朝，呼吸煉氣仍是非常主流的煉法。

呼吸相貪欲，這話非常淺白了，說白了也是批評搬運法以呼吸為主，執著於呼吸，是一種放縱貪欲的

行為。無怪乎以搬運法為主的門派，至今幾乎看不懂《參同契》，明明知道《參同契》很重要，卻只能用「隱喻」來形容《參同契》。並非是《參同契》隱喻，而是搬運法煉偏了，《參同契》已經說得很明白了，以呼吸為主是一種貪欲，不是正確的煉法。

「佇思」就是沉思，這裡的沉思可以理解成「靜功」，不見得是「靜坐」，說靜坐就狹隘了，似乎非得端著坐姿才行，重點不是坐姿，而是內心的狀態，是一種靜的狀態。為什麼說佇思為夫婦？夫婦通常是陰陽代名詞，也就是丹道的修煉從入道開始，烏兔金木交替，都是靜功狀態。

還有另外一種說法，是把「呼」和「吸」分開來，「貪」和「欲」分開來，意思是呼和吸彼此之間互貪互欲，這種說法雖然勉強說得通，呼氣了，就想要吸氣，吸氣了就想要呼氣，所以乎和吸是彼此互貪互欲。即使是這種說法，呼吸彼此之間互相貪求，加上下一句，陰陽沉思修煉「才是正法」，整篇都在講陰陽修煉，很顯然的，這一句是在批評當時就已經流行的呼吸煉氣法為旁門左道。

黃土金之父，流珠水之子。

木火土金水，土生金，土是金之父。而前面說過流珠是烏肝流動的光如同水銀一樣，而烏肝光是來自於水，也就是氣。

水以土爲鬼，土鎮水不起。

水如果沒有火，只有土，那是甚麼情況呢？就是神火沒有專注在氣上面，這樣就是雜念紛飛，也就是陽土不清靜，這種雜念紛飛的狀態就稱為鬼，這種情況水就變成一攤死水，沒辦法轉化成金木。

朱雀爲火精，執平調勝負。

「朱雀」代表火，只有神火灌注於水，才有辦法修煉。「執平」是指水火各半，水很重要，火也很重要，兩者各半執平，就能調勝負，就能煉成金木小藥。

水盛火消滅，俱死歸厚土。三性即合會，本性共祖宗。巨勝尚延年，還丹可入口。

前面提到水若沒有火，是沒辦法煉成烏兔小藥

的，但是這裡又提到「水盛火消滅」，各位要知道煉丹道的程序，先是水火土三者相交，產生金木小藥之後，金木土相交，才能煉出金丹。

這裡既然已經水火土相交，把水煉起來了，還煉「盛」，可見得已經過了水火土相交的程序，這裡的水已經轉化成烏肝木了，而「火消滅」則是神火消滅，進入兔髓金的化陰狀態，因此「水盛火消滅，俱死歸厚土。」已經是兔髓陰和己土的化陰狀態了。「俱死」表示火消滅之後，水也消滅了，這時的水就是木，烏肝木也消滅了，進入兔髓金的意識下沉狀態，所以說是「歸厚土」。

「三性即合會，本性共祖宗。」這裡的三性合會已經不是水火土，而是金木土，此時的土是陰土己，而不是水火土的陽土戊。金木土三性雖然看起來是三性，其實這三性都是「共祖宗」，都是同一個來源。

「巨勝」是黑芝麻，吃了黑芝麻尚可延年益壽，那吞了還丹豈不是更延年益壽。

　　金性不敗朽，故爲萬物寶。術士伏食之，壽命得長久。

這裡的「金性」是金丹的本性，不是兔髓金。金

性不會腐敗枯朽，所以是萬物之寶。修行的術士如果服食了金丹的本性，壽命就得到長久，這裡的服食意思是練出，金丹的本性從二階陽生以上都算，也就是二階陽生出現的未成形的大小曼陀羅，都是金丹前期的模樣，已經有金丹的本性，但是尚未成形真正的金丹。

　　土遊於四季，守界定規矩。金砂入五內，霧散若風雨。

　　「四季」就是春夏秋冬，春代表木，夏代表火，秋代表金，冬代表水，「土」則遊於四季。實修上則是水火需要陽土戊才能相交產生金木，金木需要陰土己才能相交產生玄珠或金丹，所以說土遊於四季的意思是不管在哪個階段，都需要土的純淨才能順利產生轉化。

　　「界」，邊界，玄關竅。「守界」，遵守四季變化的界線，「定規矩」，因此而產生陰陽交替的規矩。而土雖然遊走於四季，金木水火都需要土，但是在不同的季節當中，也有四季變化的界線，這四季變化的界線，都是遵循陰陽演化的自然道理。

　　烏肝光很像霧，與其說霧不如說像北極光，但是

北極光只有在北極才看得到，我們現代人透過影片知道，古代人是不知道的，只能說像霧。烏肝光煉到後來，到了第三階段陽生之後的烏肝光，就很像霧散開的樣子，然後打開一個空間如同天空一般。

「五內」是五臟，金砂入五臟之後，如霧的烏肝光就散開來，像是雨過天青一樣。所以這個金砂應該為第二階段陽生到第三階段陽生的內景，也就是玄珠到金丹，只有煉到金丹這裡，烏肝光才會產生霧散如雨過天青的情況，否則烏肝光一直就是霧霧的。

熏蒸達四肢，顏色悅澤好。髮白皆變黑，齒落生舊所。

老翁復丁壯，耆嫗成吒女。改形免世厄，號之曰真人。

這段很白話，講的是煉到金丹之後，身體就會變得更年輕，這個階段就可以稱為真人了。但實際上被稱為真人的，很少人煉到這裡，真人二字變成一個地位的稱呼，並非真的有能力煉到這裡的人。

同類合體章第十二

　　胡粉投火中，色壞還爲鉛。

　　胡粉可從鉛製造，化學式是鹼式碳酸鉛，為白色粉末狀，可作為藥物和顏料，作為顏料可常保白色不退色，但是丟進火爐中，又會回復為鉛。從這段知道，東漢時就知道用胡粉作為顏料，所以才說丟進火中，「色壞」還為鉛，顏色就失去白色恢復為黑色的鉛粉。

　　冰雪得溫湯，解釋成太玄。

　　和胡粉一樣，冰雪來自於水，「得溫湯」被溫熱之後，又解體冰釋成水，「太玄」就是水，北方玄武代表水，所以玄有一個意思是黑色的。

　　金以砂爲主，秉和於水銀。變化由其眞，終始自相因。

金產自於砂，跟水銀秉性相和，都是金屬。這裡談到三種礦物——金、砂、水銀，金在丹道裡面是金丹，砂在丹道裡面是硃砂，代表神火，水銀是汞，代表五行金木的金。代表神火的硃砂產出代表兔髓金的汞，代表兔髓金的汞產出金丹，都是同類相求，跟胡粉與鉛，冰雪與水（太玄）相同，必須要同類才能產出。

由於真實的本性相同，才能變化，自始至終都是源自於相同的因素，也就是相同的源頭，因為本性相同才能互相轉換。

　　欲作伏食仙，宜以同類者，植禾當以黍，覆雞用其子。

如果要作服食金丹的神仙，宜以金丹同類者來煉，就像是種禾要用黍（禾的種子），要孵出小雞就要用雞蛋。

　　以類輔自然，物成易陶冶。魚目豈為珠？蓬蒿不成檟。

以同類輔佐以自然演化，這樣標的物就能夠發展

成功，才能夠陶冶煉製。魚目豈能當作珍珠？蓬蒿這種草本植物豈能長成茶樹這類喬木呢？

類同者相從，事乖不成寶。燕雀不生鳳，狐兔不乳馬。水流不炎上，火動不潤下。

同類者才能互相追隨作用，修煉之事也是同理可推，如果與金丹背離那也是煉不成的，就像是燕雀生不出鳳凰，狐狸兔子也無法生出馬。水向下流而不像火向上，火向上動而不像水向下流。

世間多學士，高妙負良材。邂逅不遭遇，耗火亡貨財。

世間博學之士很多，雖然能力很高妙，是良材，但是沒有遇到真正的丹道修煉法，消耗神火消亡生命貨財也達不到目標。

這裡的「邂逅不遭遇」，很多註解者翻譯成沒有遇到真師，各位讀者要注意，《參同契》從頭到尾沒有提到「真師」，只有提到陰陽真法，但就像前面所說的，許多註解者本身就是搬運法的傳承，強調煉氣與傳承，因此就會自行竄改，例如把煉氣這個旁門左

道改成別的文字，這裡也是一樣，把遇到丹道修煉法擅自改成遇到真師，言下之意，就是暗示自己是真師，事實上會這樣寫的，大多是旁門左道煉氣法的傳承。

據按依文說，妄以言爲之。端緒無因緣，度量失操持。

沒有實修經驗，該怎麼煉也搞不清楚，自己看了文章就亂猜亂說。這種人很多，特別是名氣越大的大師，這種情況就越多，前面提到煉氣繞行的搬運法就有很多這樣的人，明明《參同契》已經說了這種方式是旁門左道，但是因為自己煉的就是旁門左道，心理上無法接受，就亂解釋，偷改文字。

擣治羗石膽，雲母及礜磁。硫磺燒豫章，泥汞相煉治。

擣製西北羗地的石膽、雲母及礜磁這些礦物。

漢・東方朔《神異經・東荒經》：「東方荒外有豫章焉。此樹主九州，其高千丈，圍百尺。本上三百杖，本如有條枝，敷張如帳，上有玄狐黑猿。枝主一

州，南北並列，面向西南。有九力士操斧伐之，以占九州吉凶。」

用豫章這種古之大樹燒煉硫磺，混入汞煉製。

古人用鉛汞硃砂是代名詞，用來代替丹道當中的現象，但是有人就以為這是真的用礦物來煉的，現代人當然不會犯這種低級錯誤，但是古代卻有不少人如此，葛洪《抱朴子》就是此派的代表。

鼓下五石銅，以之爲輔樞。雜性不同類，安肯同體居。

鼓動風箱煉製五種礦物，以之為修煉的輔助，可是這些礦物性質根本和金丹不同類，怎麼可能融入我的身體共居呢？

這段講的是有人用礦物煉丹藥，吃進身體裡面，這完全是誤解金丹的意義，金丹根本就不是礦物，而是引用礦物的名詞作為金丹的名詞。

千舉必萬敗，欲點反成癡。

用錯誤的方式，煉一千次一定會失敗一萬次，想耍小聰明反而變成笨蛋。

僥倖訖不遇，聖（至）人獨知之。

這段有點爭議，有些版本是沒有這兩句的，有些版是至人，有些版是聖人，不管是至人或者聖人，都是指煉到的人。

這種旁門左道的僥倖行為再怎麼搞也不會煉出金丹，只有煉到的人才知道怎麼回事。

稚年至白首，中道生狐疑。

像這種人即使從小煉到老，也煉不出東西來，即使中途遇到正道，也因為被旁門左道洗腦了，也不會相信正道的。

背道守迷路，出正入邪蹊。管窺不廣見，難以揆方來。

像這種人背離正道，堅守錯誤的道路，離開正路卻落入邪徑，這種人以管窺天，見識狹隘不廣，難以審視將來。

這段以非常嚴厲的語氣批評那些以礦物為丹藥的

人，不僅耽誤自己煉不成，也誤導他人，其實所有的旁門左道都是如此，不只礦物煉丹的愚痴，其他幾樣旁門左道也照樣不惶多讓，沒有比較高明，只是這種礦物煉丹藥的，可能在作者的眼中是特別愚痴，又或者當時這個派別的勢力特別大，所以作者才以比其他旁門左道更嚴厲的口吻來批評。在現代這個以礦物煉丹藥的派別已經消失了，但是其他的旁門左道還是非常興旺，並沒有因為時代的進步而有所改變。

三聖前識章第十三

　　若夫至聖，不過伏羲，始畫八卦，效法天地。

　　如果提到至聖，不就是伏羲，他開始效法天地自然規則，因此而畫八卦。

　　文王帝之宗，結體演爻辭。夫子庶聖雄，十翼以輔之。

　　文王則是八卦之宗，把八卦兩體結合演繹出爻辭。在眾多聖雄之中，孔夫子寫出十翼輔助爻辭。

　　三君天所挺，迭興更御時。優劣有步驟，功德不相殊。

　　伏羲、文王、孔子這三位是上天所力挺的，把握時機在朝代更迭之際興盛八卦，雖然有先後步驟，寫得各有優劣，但是彼此的功德沒有差異。

制作有所踵，推度審分銖。有形易忖量，無兆難慮謀。

這三位製作的八卦彼此之間有傳承關係，推論非常地細緻，達到一分一銖這樣細微的單位。有形的事物容易思量，沒有徵兆的難以了解。

作事令可法，爲世定詩書。

而古代聖人為了令後人有可以效法之處，制定了《詩經》和《尚書》。

素無前識資，因師覺悟之。皓若裹帷帳，瞋目登高臺。

像作者自己素無前人的先知能力，也因為有這些古代之師才能覺悟大道，因此才能清楚的像是揭開簾幕，張大眼睛登上高台，一切清清楚楚的。

火記六百篇，所趣等不殊。文字鄭重說，世人不孰思。

《火記》雖有六百篇，但是六百篇中所說的沒有不同，這六百篇的文字反覆鄭重的說著相同的意旨，但是世人卻不仔細思考。

尋度其源流，幽明本共居。

若仔細探求其源頭，會發現幽暗和光明本來就是一起的。幽暗就是陰，光明就是陽，陰陽本一體，只是為兩面，修行應為陰陽交替，一體兩面。

竊爲賢者談，曷敢輕爲書？若遂結舌瘖，絕道獲罪誅。

只有私底下和其他賢者談論，哪裡敢輕易寫書呢？但也怕若不說的話，讓大道因此滅絕，也是很大的罪過。

寫情著竹帛，又恐洩天符。猶豫增嘆息，俯仰綴斯愚。

把真實的情況寫在竹簡和絲帛上，又恐因此而洩漏天機，猶豫再三，徒增嘆息，只好東湊西湊，縫縫

補補的把我愚蠢的想法隨便寫寫。「綴」，縫補。「斯愚」，我愚蠢的想法。「俯仰」，低頭抬頭，很短的時間，泛指隨便應付。

陶冶有法度，未可悉陳敷。略述其綱紀，枝條見扶疏。

丹道修煉有他的法則，沒辦法悉數把細節都陳述清楚，只能略述大綱和規則，只要大綱清楚，在煉的過程細節自然就會呈現。「枝條」代表大綱，「扶疏」是樹葉代表細節。

感覺這段應該是作者的自序，至於為什麼會擺在中間的位置，這就真的亂了，每個看過《參同契》的人都有一個共識，就是順序真的很亂，到底是彭曉搞亂的？還是彭曉之前的版本就已經亂了？不得而知，但是順序亂了絕對是事實，這段放後面也好，放前面更適合，卻偏偏放在中間，非常詭異。所以各位讀者在讀的時候，心裡也要有一個想法，知道《參同契》的順序都是亂的，怎樣才是對的，也沒人知道，或許等哪一天有機會真的挖到古墓，像馬王堆或者郭店楚簡這種的，就能夠真相大白。

金丹刀圭章第十四

> 以金爲堤防，水入乃優游。金計有十五，水數
> 亦如之。

　　這裡的金很明顯不是金丹的金，而是兔髓金的
金，而這裡的水很明顯的不是水火的水，而是金木的
木，木來自於水，所以這裡的水是木，所以才能金木
各半，金有十五，水也十五。金為提防，堤防就是把
水擋在外面，但是這裡又說水入乃優游，水進入堤防
裡面，這就是烏肝木煉到後來進入兔髓金的狀態，烏
肝木的能量轉化成兔髓金的意識下沉。因為他要用
「堤防」這個名詞來表示金木兩者的區別，所以他把
金當成堤防之後，就不能用木來形容，因此用木的來
源水，來形容這種金木陰陽的區別。木就是烏肝木的
光在流轉，像水一樣，當然烏肝木的來源也是水，而
金則像堤防一樣，堤防外面是水，堤防裡面是乾的，
用來形容意識下沉沒有烏肝木的狀態。

> 臨爐定銖兩，五分水有餘。二者以爲眞，金重

如本初。

　其三遂不入，火二與之俱。三物相含受，變化
狀有神。

　　各位知道《參同契》可能有錯簡的問題，順序錯
亂的問題，這段看起來會很難懂，應該也是逃不了順
序錯亂的問題，我們可以從押韻的字來推論一二。例
如「餘」、「俱」是有押韻的，但是卻放在前面，而
「游」雖然不押韻，但是從台語來看，「游」也是發
注音「ㄨ」（烏）的音。

　　金計有十五，水數亦如之。以金為堤防，水入乃
優游。

　　二者以為真，金重如本初。臨爐定銖兩，五分水
有餘。

　　三物相含受，變化狀有神。其三遂不入，火二與
之俱。

　　如果按照押韻改成這樣的順序，意義就會清楚許
多。

　　金的數量是十五，這段前面講過，這邊再補充一
下，這個十五是跟月相有關的，金是從滿月十六到三
十，水就是木，是從初一到十五，所以都是十五。雖
然都是各十五，但是金開始進入陰的狀態，這個陰其

實是陽的餘溫進去的，就像是沐浴一樣，前面水燒開了，後面就用水的餘溫去洗澡，所以金的裡面是含有水的。

金水，也就是金木，兩者相結合就是為了產生真，真就是金丹真人。這個過程金的分量都跟原來一樣。

「臨爐定銖兩，五分水有餘。」前面已經說過了，金水各十五，這邊又為什麼說水五分呢？就要看爐是甚麼狀況的爐，在修煉過程中，不管是金或水（這裡的水是木）都是在玄關竅這個爐當中，前面既然已經說過金水各十五，這裡又說要「定銖兩」，可見得這裡的爐不是玄關竅的意思，而是「虛空」玄關竅，也就是二階段陽生的時機。當二階段陽生升起，這時候覺知如果沒有提起，像有些道友就以為煉完了，拍拍屁股走人，這就失去陽生進化的契機了，因此這個陽生的時機是非常重要的，把握住就進步了。那知道這裡講的爐是虛空玄關竅之後，就能知道「五分水有餘」是甚麼意思了，金到了極限之後，也就是達到十五滿分之後，就會轉成陽，這時候的陽生，只有一點點時機，如果是陽到了五分，就「有餘」過頭了，就錯過陽生的時機了，應該是在一兩分，陽剛出現的霎那，立刻提起覺知，這個覺知也就是火，因此

後面講「火二與之俱」，這個陽剛產生的時機，提起火兩分，也不用太多，兩分就好，陽也不要太過，兩分就好，這樣就能有機會產生第二階段陽生了。

「其三遂不入」朱熹考證，表示有的版本是「其三遂不火」，意思也是跟火要二是相同的，火也不要過頭，提起的覺知也不要過頭，過頭就容易產生幻境了，提起一點點覺知就夠了。

「三物相含受，變化狀有神。」金水火這三物在這個陽生霎那的時機「相含受」，相互作用，所引發的作用，就能產生神的形狀出來，也就是第二階段陽生的內景，有形字印各種形狀，這些精緻的內景相當驚人，只要有煉到這裡的道友，應該都是感同身受，剛出現的時候，每個人都是非常讚嘆大自然的演化。

　　下有太陽氣，伏蒸須臾間。

剛開始下方有太陽氣，這個太陽氣很明顯就是氣感，因為後面提到一個關鍵字「蒸」，氣感剛開始也就是蒸氣熱感。「伏」就是潛藏在下，「伏蒸」也就是從下往上蒸。「須臾間」，很快，一下子。這個太陽氣很快一下子就由下往上蒸，講的就是剛開始煉功的熱感。

先液而後凝，號曰黃輿焉。

這句的關鍵字在「黃輿」，黃色的車，講的就是烏肝的光，這個人可能一開始出現的是黃色的烏肝，為什麼說烏肝是車？因為烏肝剛開始出現就是一直轉，好像車輪一樣，一直轉的樣子很像在流動，所以稱為液，煉到後來慢慢不動了，就「而後凝」，這變得不動了，就是開始要進入恍惚兔髓金了。

歲月將欲訖，毀性傷壽年。

剛開始要進入兔髓金的狀態的時候，就好像歲月將要到年底，一年快要過完，要過冬的樣子，意識下沉，開始入陰。這個時候開始進入性功，如果性功沒有煉好，在這個階段，內心有慾望的追求，而沒有釐清，則會在這個階段受限於幻境，這個階段是一個大坑，一個不小心，就會把幻境當成真景，一生都沉迷於幻境迷宮，再也煉不出成就來。

形體如灰土，狀若明窗塵。

如果沒有沉迷在幻境當中，那麼就能順利產生陽生，這裡講的是陽生的一種型態，也就是比較精細的烏肝，看起來好像灰土，又好像明窗上的灰塵。這是第一階段陽生的其中一種型態，第一階段陽生有很多型態，最粗糙的只有氣感，氣感可能有比較強的電流，或者比較強的脈動，中階的就會出現烏肝光，這裡講的是比較進階的烏肝光，像是一堆細細的灰塵一樣，其實不是只有灰塵，這些灰塵其實還會旋轉，而中階的烏肝光也會旋轉。

　　搗治并合之，持入赤色門。

　　而這些第一階段陽生的內景，都還是屬於烏肝木的範圍，因此可以繼續煉下去，等於繼續煉第二輪的陰陽，重新又來一次陽極生陰，陰極生陽的循環。

　　因此繼續煉下去，「持入赤色門」，這個赤色門講的如果是烏肝就不太合理了，雖然烏肝也有紅色光，但因進階下去就是開心竅，而心的代表顏色是紅色，所以赤色門講的是比較進階的開心竅，因為前面出現明窗塵已經是比較進階的烏肝了，再進階下去就是開心竅。

固塞其際會，務令至完堅。

這個「際會」就是烏肝木的能量進入兔髓金了，前面的水燒開了，進去沐浴溫養，用剩餘的動力來化解陰，實修上的現象就是意識下沉，與昏睡非常類似。「固塞」，堅固閉塞，意識下沉，外想不入，內想不出，沒有念頭，沒有意識。「務令至完堅」，一定要讓其煉到完全堅固，要煉到透，由裡到外熟透，甚麼是熟透？就是意識完全下沉，不受任何干擾，一直堅持到意識自然上浮，這樣才能自然產生陽生，才能陰極生陽。

炎火張於下，晝夜聲正勤。始文使可修，終竟武乃陳。

「晝夜」聲正勤，有些版本為「龍虎」聲正勤，本書採彭曉版和朱熹版「晝夜」。

這段又從頭開始講了，換個角度重新來，前面從太陽氣開始講，這裡從炎火開始講，都是從前面開始，但是看的角度不同，事實上就是水加火。炎火從下面開始燒起，晝夜代表陰陽，水火相交之後，產生木和金小藥陰陽交替，不斷地陰陽交替就是「晝夜聲

正勤」。從武火變成文火才開始可以修，文火就開始進入烏肝木，筆者前一本書《呂洞賓的詩與道：仙詩與丹道修行之門》裡面就提到，練到烏肝木才開始入道，前面的水火階段只是前置作業，還不到入道，而《參同契》這裡講的也是一樣，「始文使可修」變成文火才開始可以修丹道，丹的開始是從變成文火才開始，因此一堆搬運法把煉氣當成修丹道已經是違反《參同契》和呂祖的丹道說法了，在煉氣階段是完全沒有丹的，到了烏肝木進入文火階段，才有丹的產生。

「終竟武乃陳」最後結束的時候，就呈現武火的狀態，這個講的就是陽生意識上浮的狀態。

候視加謹慎，審察調寒溫。周旋十二節，節盡更須親。

「候」，等待。「視」，內觀覺察。這裡的「候視」和佛陀所講的「有尋有伺」有異曲同工之妙，有等候，有覺觀，講的就是一開始的水火階段，這個階段注意力可以移動，也可以停留等候，剛開始注意力是很容易移動的，很容易一下子注意這裡，一下子注意那裡，當然也很容易被雜念所吸引，因此這個階段

的注意力是可移動的。煉到一個程度之後，注意力的流動慢慢沒有那麼強烈，比較穩定了，就進入一種等候功態轉變的狀態，這個階段需要相當謹慎，秉持中觀清淨意土原則，不干涉不追逐，慢慢就會從容易流動的注意力，轉變成穩定等候功態的注意力。

所以這一段，又從前面開始講了，只是最早從「太陽氣」開始講，是從水的角度，第二次又從「炎火」開始從頭講，是從火的角度，這次從「候視」開始講，是從注意力的角度。同一個程序，用三個不同的角度講，就怕初學者看不懂，筆者認為即使講得這麼仔細，但是看得懂的，又有幾個人？若是沒有足夠的實修，又有幾個人能看得出這是作者從三種不同的角度，講同樣的修煉過程呢？

「審查調寒溫」，這講的是火候，水火階段的火候是武火，進入烏肝木之後是文火，如果進入烏肝木之後，還催動武火，就會造成脫離烏肝木狀態，這是很多煉氣功者常見的現象，因為動用許多呼吸法、觀想法、各種動作，造成過度催動武火，因此無法順利進入烏肝木，也無法結丹，而這類人則把身體內部的氣動當成結丹，扭曲丹道的意義。文火之後是止火，止火才能進入兔髓金的狀態，意識下沉狀態，而幾乎全部的修煉者都把意識下沉當成昏沉，想盡辦法發明

各種小技巧，想要抗拒昏沉，殊不知耍了這種小聰明，實際上卻是大愚痴，這些人不明白意識下沉是陰陽交替的必經過程，若沒有陰陽交替何來道呢？

各位讀者只要看到這類以教授密法，獲取高額學費的大師，最好都敬而遠之，此為煉氣術，不是真正的丹道，雖然此類人經常打著丹道的名號，但是只要牽涉到呼吸法、觀想法、導引法，就不是真正的丹道，而是旁門左道。

調寒溫就是火候的控制，其實真正的修煉不需要控制火候，只要順從自然即可，但是能夠領悟自然者少之又少，有不少人需要有他人指點，何時該降火該止火，才能搞清楚狀況，否則就很容易走上旁門左道，從頭到尾不斷地用武火技巧催動，用心念去追逐功態。也就是如果有領悟清淨意土者，其實只要順從自然演化的火候即可，會動用到所謂的「調火候」，都已經是下下之策了。

「周旋十二節」，關於這裡的十二節，前面提到「月節有五六」，代表一個月有五乘以六，分成三十節，但是這裡是十二節，那就不是三十節的節數。

《靈樞·經別》：「六律建陰陽諸經，而合之十二月、十二辰、十二節、十二經水、十二時、十

二經脈。」

《靈樞‧邪客篇》：「歲有十二月，人有十二節。」

《天回醫簡》：「敝昔曰：人有九竅五臟十二節，皆朝於氣。」

《素問‧寶命全形論篇》：「天有陰陽，人有十二節。天有寒暑，人有虛實。能經天地陰陽之化者，不失四時。知十二節之理者，聖智不能欺也，能存八動之變，五勝更立，能達虛實之數者獨出獨入，呿吟至微，秋毫在目。」

關於十二節的定義相當紛亂，有的認為是十二節氣；有的認為十二關節；有的認為是十二種針刺方法；有的認為十二經脈，定義相當紛亂。因此筆者就以上述經典所提供的訊息來看：第一，十二節是人體的分類；第二，十二節與陰陽有關，這裡的十二節應代表走完整個人體陰陽的循環，並且是以「周旋」的型態來煉完，如此就與陽的階段在人體運行相近了。在水火階段，經常有氣感在人體內旋轉，各式各樣的

旋轉，不管是氣感的旋轉，或是烏肝光的旋轉，甚至是陽生內景的旋轉，都是各式各樣的旋轉。

「節盡更須親」，十二節循環終止之後，更需要「親」，這個「親」字用的很詭異，有的版本認為這是「新」的誤植，筆者認為很有可能，因為《參同契》的邏輯就是陰陽更替，節盡自然從頭再來，也就是重新來一次。

氣索命將絕，休死亡魄魂。色轉更爲紫，赫然成還丹。

其實上一句用節盡更需「親」，即使換成「新」意義上也怪怪的，因為後面這段講的就是進入兔髓陰的意識下沉狀態，看起來好像「氣索命將絕，休死亡魄魂」，好像快死了，快沒命了，休死狀態，其實就是睡死了而已，不是甚麼真的「氣索命將絕，休死亡魄魂」。只是要轉成金丹的過程，會經歷大量的化陰，也就是會處在意識下沉的狀態很長很長的時間，很可能每次一開始煉，意識就立刻下沉，長期可能好幾年都是如此，看起來就好像睡死一樣，只是睡覺通常睡飽了就起來，但是這種深度的化陰沒那麼簡單，可能睡上一整天都還在睡，天天如此，睡上好幾年。

經過了兔髓陰的意識下沉狀態，充分把五臟內的陰氣化解完成之後，才有可能「色轉更為紫」，這裡講的紫，不是紫色，而是「紫金」色，類似紅銅色。

「赫然成還丹」，赫然，形容令人驚訝或引人注目的事物突然出現。突然就出現令人驚訝的還丹，這裡講的還丹不是烏肝那種小還丹，而是金丹那種大還丹，以筆者經驗，煉到真正的大還丹、紫金丹出現，真的是會令人訝異，事實上還不到大還丹，在第二階段陽生的小曼陀羅蓮花階段，就相當令人訝異了。

粉提以一丸，刀圭最爲神。

《參同契》裡面提到「粉」只有一個地方，「胡粉投火中，色壞還為鉛。」白色的胡粉丟進火裡，白色壞了，但是卻還原為黑色的鉛，所以這裡講的「粉」就是胡粉，鉛的代名詞，而後面也提到「刀圭」，是小藥的代名詞，同樣也是鉛。因此「粉」、「刀圭」講的都是小藥，以小藥為材料，能夠提煉出赫然一丸金丹，這樣的刀圭小藥非常神奇。

有的版本解釋成粉末，有的版本直接將文字改成「吞服」，都可惜了原有的「胡粉」小藥涵義了。

水火情性章第十五

推演五行數，較約而不繁。

用五行之數推演丹道理論，比較簡約而不繁瑣。他這個應該是跟卦象來相比，五行比卦象簡約。

舉水以激火，奄然滅光明。

舉起水來刺激火，只會一下子就把光明消滅。正常來說應該是水火相交，加上清淨意土，演化成金木小藥，也就是前面講的胡粉、刀圭，還有金木、烏兔，都是小藥的代名詞。

但是這裡講如果用水太過，就會把火給澆熄，各位讀者應該很快就能聯想到搬運法的煉功方式，就是不斷地用方法去刺激氣感，水就是氣，火就是神。搬運法把氣感刺激地越強，就認為能力越強。但是《參同契》這裡的說法很顯然的，在東漢的時候，就已經有人用刺激氣感的方式來修煉了，否則《參同契》不會三番兩次把搬運法的煉功方式拿出來批評，認為這

種過度刺激氣感的方式是有問題的，只會把神火給消滅，造成神火無法演化。我們要知道，神火在水火階段是最粗糙的，到了烏肝木階段，就會演化成文火，這時候是陽神，屬於第一階段的演化，到了兔髓金階段，就會演化成止火，這時候是陰神，屬於第二階段的演化，到了陽生第二階段以上，就開始產生元神，屬於第三階段的演化，如果過度煉氣，就會把神火的演化給澆熄消滅了，這是非常嚴重的事情，神火一旦演化失敗，就再也無法煉出金丹，煉了半天除了氣感還是氣感，因此這些人就把氣感的各種走向型態當成金丹，這就是現代搬運法的問題，這問題非常嚴重，整個扭曲了丹道的內涵。

日月相薄蝕，常在朔望間。

這兩句話各版本差異很大，有的版本是「日月相激薄」，比較不合理，「激薄」的意思是碰撞，日月怎麼會碰撞呢？「薄蝕」則是靠近產生日蝕或月蝕，意義上比較合理。《漢書·天文志》：「彗孛飛流，日月薄食。」《呂氏春秋·明理》：「其月有薄蝕。」高誘《注》：「薄，迫也。日月激會相掩，名為薄蝕。」本書採用「日月相薄蝕」，日月互相靠近

產生日月蝕。

「常在朔望間」，有的版本是「常在晦朔間」，晦是三十，朔是初一，望是十五。依照百度百科：「漢代《太初曆》記載了『三統曆週期』，即交食（日食或月食）在經過135個朔望月後就會重現，換算成天則為3986.63天。」，比較合理的應該是「常在朔望間」這個「朔望」就是代表漢代《太初曆》的「朔望月」。猜測有許多註解者因為不了解漢代《太初曆》的「朔望月」概念，因此認為「朔望間」不合理，才擅自更動為「晦朔間」。

水盛坎侵陽，火衰離晝昏。

這兩句跟「舉水以激火，奄然滅光明。」意思差不多，坎就是水，水太盛，坎水就會侵害到陽，這裡的陽就是神火，也就是離，坎為水屬陰，離為火屬陽。火被過剩的水侵害到，就會衰弱，就會遠離晝昏，晝昏就是陰陽，晝是陽，昏是陰，水盛火衰就沒辦法進入陰陽交替的狀態，當然就不可能煉丹道了。

所以這兩句話再次提醒各位讀者，煉氣者，過度激發氣感，造成水盛火衰，就沒辦法進入陰陽循環，當然也不懂甚麼叫做陰陽了。因此各位會看到搬運法

很愛把氣的運行方向講成陰陽，往哪邊轉是陰，往哪邊轉是陽，其實只要氣運行都是陰，陰盛陽衰，陰陽不得相交。

為什麼上一句會沒頭沒腦地突然提到日月蝕？筆者猜測可能呼應上下兩段話，陰盛陽衰如同日月蝕一樣，就無法進行正常的日月交替陰陽相交了。但是日月蝕是一年沒幾次，而煉了搬運法就是日日都是陰盛陽衰，陰陽不相交了。

陰陽相飲食，交感道自然。

陰陽相飲食，陽提供飲食給陰，陰提供飲食給陽，兩者交替才能「交感道自然」，陰陽交互作用才能自然產生道。「舉水以激火，奄然滅光明。」和「水盛坎侵陽，火衰離晝昏。」批評只煉氣功是煉陰不煉陽的做法，只會消滅光明，遠離陰陽，違反道法自然。

名者以定情，字者以（緣）性言。

這裡的名者字者不是我們講姓名那個名，而是戰國時代的「名家」，主要是以邏輯辯論為主，這裡的

名是概念，字是文字。

《易・乾》：「利貞者，性情也。」孔穎達《疏》：「性者，天生之質，正而不邪；情者，性之慾也。」

追求概念的名者以實情內容來決定，追求文字的字者以本性來決定。

金來歸性初，乃得稱還丹。

陰陽交替之後，煉到金又回來這個陽生現象，就稱為回到本性之初，這個是名者講的過程，而字者講的過程就把這個現象稱為「還丹」，事實上兩者都是相同的，只是以不同的角度來看。

吾不敢虛說，仿效聖人文。

我不敢亂講，因此效仿聖人的文章來講。

古記題龍虎，黃帝美金華。淮南煉秋石，王陽加黃芽。

古代的紀錄把煉丹現象稱為龍虎，黃帝認為很美

稱為金華，淮南王劉安稱之煉秋石，王陽或是玉陽應該是某個人，但是因為沒有留下紀錄，而且有的註解版寫王陽，有的寫玉陽，到底是王陽或玉陽，也因為沒有相關的著作，所以無法確認，只能確認這是一個人，這個人把煉丹的現象稱為黃芽。

所以這些名詞雖然有所不同，但都是同樣的內容。

賢者能持行，不肖毋與俱。

這兩句話跟《道德經》的「上士聞道，勤而行之；中士聞道，若存若亡；下士聞道，大笑之。」有異曲同工之妙，賢者能夠持續地修行，不要跟不肖者一起，把丹道講給品行低劣的人聽，只會引來對方的質疑甚至攻擊。筆者在網路上也是一貫的作風，遇到下士也是敬而遠之，多談無益，畢竟這種內在修煉的東西，對方若是沒有對等的修煉功夫，不僅雞同鴨講，無法溝通，甚至會引起許多不必要的人際衝突。

古今道由一，對談吐所謀。

從古至今，道都是由這一條開始的，從對談就可

以知道對方心中所想的，是否也是同行的道友，若是道友則同行，若非，則敬而遠之。

學者加勉力，留念深思惟。

鼓勵學道者要努力，好好參考《參同契》這本書，勤勉修道。

至要言甚露，昭昭不我欺。

書裡面充分揭露重要的言論，非常清楚的，不欺騙人。

陰陽精氣章第十六

乾坤剛柔，配合相包。陽秉陰受，雌雄相須。

《易經》雜卦：「乾剛坤柔。」剛柔是《易經》的用詞，剛代表乾陽，柔代表坤陰。乾坤剛柔陰陽互相配合，互相包含。陽掌握權柄，陰接受陽的力量，雌雄也是陰陽，雌雄互相需要。

純陰或者純陽都無法運作，一定是要陰陽交替互相搭配才能運行。

須以造化，精氣乃舒。坎離冠首，光耀垂敷。

陰陽互相需要以產生自然演化，精氣就能夠得到抒發，在這之中坎離最重要，居於冠首，光閃耀遍布。「垂敷」，遍布。「光耀」，有的版本是「光曜」，有的是「光映」，本書採用較多版本的「光耀」。

坎為水，離為火，水火相交之後，就產生烏肝木，烏肝木就是如同北極光一般的光，所以說光耀遍

布。《參同契》寫得非常清楚，坎離之後就產生光，這是非常明確的，但是有許多人只有煉氣功，並且把氣過度膨脹，認為一切都只有氣，甚至認為光是幻想，各位讀者要小心，這類氣功思維已經落入旁門左道，水盛火衰，甚至有許多氣功師父，因為自己煉不出光，反而批評光，這已經是非常嚴重地違反丹道基本現象了。

玄冥難測，不可畫圖。

這些光玄冥難測，沒辦法用畫圖來表示。為什麼沒辦法用畫圖表示？因為光一直在動，而且有各種形狀，烏肝光像北極光又像霧；高階烏肝光有各種極端複雜的線條，細細密密的，有的像格子，有的像花朵，有的像藤蔓；陽生二階段的光有各種形狀，有的像正方形，有的像六角形，有的像圓形，有的像印章，極端複雜的曼陀羅形狀，幾秒鐘之內就消失了，看都看不清楚，又如何畫得出來呢？

聖人揆度，參序元基。

聖人推論揆度這些光，參考排序根本的原因。任

何人看到這些光，都會想要知道為什麼？這是甚麼？來源是甚麼？都會非常好奇，聖人就會想要從其中推論出原因。

四者混沌，徑入虛無。

四者，乾坤坎離，金木水火，水火生金木小藥，小藥陰陽交替產生虛無空間，產生陽生第二階段內景。

六十卦周，張布為輿。

六十卦周，陰陽完整走過一輪，陰陽交替煉透，就像車輪一樣，繞過一圈又一圈，不斷地陰陽交替重複。「輿」，車。

《參同契》用車來比喻陰陽輪轉六十卦為一周，應該是所謂小周天的來源，問題是小周天這個名詞已經被搬運法扭曲成氣感在身體繞行了，已經失去原有的陰陽輪轉含意。

龍馬就駕，明君御時。

「龍」，青龍代表烏肝木，「龍馬就駕」，以龍馬比喻烏肝木小藥，是為丹道修煉的開始。《素問・靈蘭密典論》：「心者，君主之官，神明出焉。」明君代表心，神火，相對於龍馬代表烏肝木，明君代表兔髓金，烏肝木來自於水，兔髓金來自於火。同時也是雙關語代表火候，火候時間一到，就自然產生演化，武火的水火相交時候到了，產生文火的烏肝木，烏肝木時候到了，產生止火的兔髓金，兔髓金時候到了，產生武火的陽生，陰陽又重來一次。

補充說明一下，參同契這本書所說的武火，和無為丹道當中所定義的武火是不相同的，參同契定義的武火是意識上浮，無為丹道所定義的武火是注意力的貫注，而無為丹道所定義的二階陽生則是元神顯，參同契定義成武火，筆者推測有一個可能，就是魏伯陽本身雖然對於陰陽有很深的體會，但是應該是沒有練到金丹真人的門檻，而參同契當中引用的金丹真人的現象，應該是源自於失傳的上古龍虎經，而非魏伯陽的實修體驗，因此魏伯陽在此會使用武火，也是無可厚非，筆者推測他應該是沒有練到元神顯現的程度，沒有二階段陽生以上的程度，僅有第一階段陽生的程度，才會使用武火這樣的名詞。

和則隨從，路平不邪。

遵循陰陽的原則，乾坤坎離金木水火和順，則修道之路平坦不歪斜。

邪道險阻，傾危國家。

若沒有遵循陰陽的原則，則產生各種旁門左道，邪道險阻，丹道就再也煉不成了，這裡的國家代表修道。

君子居室章第十七

　　君子居其室，出其言善，則千里之外應之。

　　君子居於室內，口出好言，則千里之外也有人呼應。

　　謂萬乘之主，處九重之室，發號出令，順陰陽節。

　　同樣的，擁有萬輛兵馬的君主也是一樣，身居九重之室，發出號令，順應陰陽節氣。這裡的君主也是代表心神，與上一段的「明君御時」相同。

　　藏器待時，勿違卦月。

　　《易經・繫辭下》：「君子藏器於身，待時而動。」這個藏器不是五臟器官，而是藏著，器是才器，君子懷藏才器，等待時機，時機到了才出動。勿違反卦月，卦月是前面提到的卦象與月相，代表陰陽

的轉變。修煉丹道不可違反陰陽的轉變，時機還沒到，不可貿進，必須等待時機到來。

屯以子申，蒙用寅戌。

這句話要從京房納甲圖來看，我們引用《郭行甲談周易》的表格來看，就非常清楚了。

爻位	乾		坤		艮		兌	
	干支	卦畫	干支	卦畫	干支	卦畫	干支	卦畫
上爻	壬戌	———	癸酉	— —	丙寅	———	丁未	— —
五爻	壬甲	———	癸亥	— —	丙子	— —	丁酉	———
四爻	壬午	———	癸丑	— —	丙戌	— —	丁亥	———
三爻	甲辰	———	乙卯	— —	丙申	— —	丁丑	— —
二爻	甲寅	———	乙巳	— —	丙午	— —	丁卯	— —
初爻	甲子	———	乙未	— —	丙辰	— —	丁巳	———

爻位	坎		離		震		巽	
	干支	卦畫	干支	卦畫	干支	卦畫	干支	卦畫
上爻	戊子	— —	己巳	———	庚戌	— —	辛卯	———
五爻	戊戌	———	己未	— —	庚申	— —	辛巳	— —
四爻	戊申	— —	己酉	———	庚午	— —	辛未	— —
三爻	戊午	— —	己亥	— —	庚辰	— —	辛酉	———
二爻	戊辰	———	己丑	— —	庚寅	— —	辛亥	———
初爻	戊寅	— —	己卯	———	庚子	———	辛丑	— —

表五：本表來源，郭行甲談周易——京房納甲筮數

屯－下震☳）－庚天干）子地支）

　　－上坎☵）－戊天干）申地支）

蒙－下坎☵）－戊天干）寅地支）

　　－上艮☶）－丙天干）戌地支）

屯卦下為震卦，上為坎卦；蒙卦下為坎卦，上為艮卦。對照納甲圖，震的下卦就是初爻為庚子；坎的上卦就是四爻為戊申；坎的下卦就是初爻為戊寅；艮的上卦就是四爻為丙戌。從這個表可以看得出來，天干有按照一定的排序方式，但是地支看不出來有排序的規則，不管有沒有一定的規則，我們從這個表可以看出來，《參同契》這兩句話講的正是西漢易學家京房的八卦納甲排序規則，而這規則看不出來與丹道有甚麼直接的關係，我們只要知道來源就好，不需要深究。

餘六十卦，各自有日。聊陳兩象，未能究悉。

其他六十卦，各自有各自的天干地支，簡單談談其中兩象，屯蒙兩卦，其他的就未能探究清楚了。

筆者查了網路的資料，各個專家其實也看不出來京房納甲這樣湊有甚麼具體的意義，不只《參同契》作者看不出來，現代專家也看不出來，筆者主觀的想法是這些應該是湊出來的，沒有甚麼具體意義，只是《參同契》作者很喜歡引用當時的知識，這些知識不見得和丹道有關，可能只是作者個人的猜想臆測而

已。

　　這《周易》就是一個算命的大坑，和丹道關係不大，用五行來解釋還比較清楚一些，所以各位讀者在讀《周易參同契》的時候，基本上除了陰陽關係之外，其他的八卦天干地支，都可以忽略不計，否則陷在這個大坑，就浪費生命了。

　　這《周易參同契》很明顯的，就是有一位研究《周易》的人，拿到了《上古龍虎經》，想要用《周易》來解釋《龍虎經》，結果搞得四不像，問題是《上古龍虎經》已經失傳了，所以大家只好從《周易參同契》當中來找尋《龍虎經》的蹤跡，筆者認為只要把有關《周易》的東西丟了，剩下的部分是《龍虎經》的機率就很高了。

　　《參同契》之所以有價值，是因為他是東漢的著作，比唐朝初期的崔公《入藥鏡》還早了許多，等於是最早的丹道論述，但是《參同契》又不像《入藥鏡》純粹是丹道論述，他在裡面加了很多《周易》的東西，搞得不懂《周易》的人讀起來很麻煩，筆者盡力把兩者分開，關於《周易》的部分，輕輕帶過，希望讀者不要在這上面浪費太多力氣，把重點放在丹道的部分即可。

立義設刑，當仁施德，逆之者凶，順之者吉。

《易經》豫卦：「天地以順動，故日月不過，而四時不忒；聖人以順動，則刑罰清而民服。豫之時義大矣哉！」天地以順應自然而動，所以日月不會有過錯，四時也不會出差錯。聖人也一樣，順應自然而動，則刑罰清明人民信服，豫卦出現的時候，順時而動的意義非常地大啊。

所以「立義設刑」講的就是順應自然而動，另外後面也會提到「刑德相負，晝夜始分。」，「龍西虎東，建緯卯酉，刑德並會，相見懽喜，刑主伏殺，德主生起。」所以我們知道刑德在《參同契》裡面，是相對的力量，刑為陰，德為陽，「立義設刑，當仁施德」同樣的也是順其陰陽之義，從《易經》衍生出來順其陰陽的意思。

違逆陰陽的力量就會產生凶，順其陰陽則產生吉。

按歷法令，至誠專密。

劉一明的版本是「按時發令」，猜想可能是因為「立義設刑」來自《易經》豫卦，講的是順時而動，

所以劉一明才會改成「按時發令」也是有他的道理。劉一明的版本主要是採用蔣一彪的版本，也就是楊慎古本，問題是蔣一彪的版本，也不是寫「按時發令」，而是「按立法令」。而其他的版本，全部都講「按歷法令」，雖然看起來沒有比「按時發令」合理，但筆者還是選擇以大多數版本的「按歷法令」為主的說法。

「按歷法令」，若是看成按「歷法」令，或許也能解釋得通，歷法就是前面說的初一十五月相，這樣也說得通。因為按照月相和八卦的結合，也能解釋陰陽，所以雖然是按照歷法，也是同樣有按照陰陽演化的意思在裡面。

「至誠專密」就如同文字上所說，以至誠、專注、密切之心來煉，這個部分就牽涉到人品了，這種心態還真不是人人都有，先別說甚麼至誠專注，光是「密切」，就是堅持能力，就打倒一票人了，大部分的人都是好奇、興趣、看看而已，真的能夠花大把時間「密切」堅持煉下去的，那比例是非常非常的低。如果再加上「至誠、專注」，這已經是趨近於零了。

　　謹候日辰，審查消息。

歷法是以月相來代表陰陽演化交替的行程，「日辰」也是同樣的意思，也是時間上的陰陽交替。例如晚上睡覺進入陰，白天醒來進入陽。如果是煉一次大約兩小時一個時辰，剛開始煉的時候是陽，煉到進入恍惚就是陰，也是一個陰陽，都是陰陽。在陰陽交替轉換之間，「謹候」，謹慎地等候，不可心急，想要用後天意念去干擾，這樣就不是「順時而動」，而是「逆之者凶」。

謹慎地等候，等待「消息」的產生，例如每次大約兩小時的修煉，剛開始的陽，煉到開始要恍惚，就是入陰的「消息」產生了，這時候就不要再用一些小技巧刻意鼓動自己的氣感，或者讓自己精神變好，這些都是「逆之者凶」。修煉者應該要注意出現的訊息，消息，順應這些訊息，特別是恍惚，就不要硬撐，有太多旁門左道就是毀在這個消息沒有搞懂，意識的浮沉是實修當中非常重要的消息，沒有搞清楚意識浮沉是自然演化的一部分，硬要用小技巧拉抬精神，就是「逆之者凶」，肯定煉不成。

纖芥不正，悔吝爲賊。

「纖芥」，細小的嫌隙。《易·繫辭上》：「悔

吝者，憂虞之象也。」「吉凶者，言乎其失得也。悔吝者，言乎其小疵也。」「悔」，後悔而想改變。「吝」，掩飾過錯的心態。如果有細微心術不正的情況，悔吝這種心理上的小瑕疵，就會像賊一樣釀成災禍。

這講的是修行在心態上細微的心術不正，即使只有一點點，也會在修行過程中，釀成災害。因為修行相當吃性功，很多人修行只注重命功，只知道煉，卻不知道心態上的調整，在心態上只要有一點點貪念，不用多，只要一點點，這一點點貪念，小則造成修行方向的偏差，例如很容易煉成頑空定，一股執念停留在假虛空的狀態。大則執迷幻境，很容易將幻境誤當境界，最常見的的有所謂的出陽神，靈魂出體，實則是沉迷幻境。這兩者都是由於心態上的細微偏差所導致的，並非煉功不努力，或者命功程度不佳，這兩大坑在大修行者身上發生的機率非常高，一般的信徒或者學徒因為程度不足，也分辨不出來大師是否有這種情況。

二至改度，乖錯委曲。隆冬大暑，盛夏霜雪。

「二至」就是冬至夏至，冬至陰到了極點，就會

回頭變成陽，這就是「改度」。夏至也同樣，陽到了極點就會回頭變成陰的力量出來。但是如果「纖芥不正」，心態上有偏差，就會造成這種陰極生陽、陽極生陰力量的轉換出現問題，造成「乖錯委曲」，違逆出差錯或者彎彎曲曲不順利，就像隆冬出現大暑，盛夏出現霜雪一樣，大凶之象。

各位不要以為這種情況不會出現在自己身上，事實上現在市面上大多的修煉功法都是這種情況，例如已經要進入恍惚了，陽極要生陰了，卻強用各種小技巧，讓自己維持清醒，認為這種維持清醒叫做覺察，這就是大凶之象。講這樣應該很多讀者都心有戚戚焉，甚至在煉的時候，都還會慚愧自己怎麼昏沉了，怎麼沒能保持「清醒」，殊不知這種想要「保持清醒」的心態，就是「纖芥不正」。諸如此類用後天操作卻宣稱為密法的旁門左道，在大門派當中處處可見。

二分縱橫，不應漏刻。水旱相伐，風雨不節。

「二分」就是春分秋分，春秋分之際陰陽力量縱橫均半，如果「纖芥不正」，心態上有偏差，就會「不應漏刻」，沒有對應漏刻計時器，沒有對應陰陽

演變的時機，就會造成水災旱災交相討伐，風雨不協調。

蝗蟲湧沸，群異旁出。天見其怪，山崩地裂。

蝗蟲洶湧鼎沸，各種異相從旁而出，天出現怪異的景象，山崩地裂。

孝子用心，感動皇極。近出己口，遠流殊域。

《參同契》引用當時各家學說，連《孝經》也不放過，下為《孝經‧感應章》。

子曰：「昔者明王事父孝，故事天明；事母孝，故事地察；長幼順，故上下治。天地明察，神明彰矣。故雖天子，必有尊也，言有父也；必有先也，言有兄也。宗廟致敬，不忘親也；修身慎行，恐辱先也。宗廟致敬，鬼神著矣。孝悌之至，通於神明，光於四海，無所不通。《詩》云：『自西自東，自南自北，無思不服。』」

這段講的就是《孝經》的思想，孝子用心感動皇

帝和上天，講出來的話雖然近出己口，但是卻能遠遠流傳到不同的區域。用以比喻修煉丹道也是一樣，「至誠專密」才能走上正道，若是「纖芥不正」，就會「逆之者凶」。

或以召禍，或以至福，或造太平，或造兵革。四者之來，由乎胸臆。

一個人可以招致禍患，或是很大的福氣，或是創造太平盛世，或者引發兵禍戰亂。禍、福、太平、兵革四者會出現甚麼，皆來自心態，「胸臆」代表心態。修道也是相同，正確的心態非常重要。

動靜有常，奉其繩墨。

動靜自有其規律，跟陰陽一樣，動極生靜，靜極生動，因此要遵奉這些規律為準繩。「常」是規律。「繩墨」是木工打直線的工具，比喻規矩。動靜也是陰陽的一種展現，所以有些煉法一味地追求靜，就已經走上「逆之者凶」的路線了，應該要順其動靜，不應以任何姿勢動作介入，例如學習某些特定的動作當作修煉，這就是執著於動；例如學習某些特定的坐姿

作為打坐修煉，這就是執著於靜。

　　讀者可能會覺得很疑惑，現在市面上教的，不是特定的煉氣功動作，要不然就是特定的打坐姿勢，特定的呼吸法，如果這些都不算修行，那甚麼才是修行呢？就像《參同契》說的，要去領悟人體自然之中的陰陽，包含動靜也是屬於陰陽，身體要動，就順其自然而動；身體要靜，就順其自然而靜。都不應以任何方法干涉，這樣都會造成災禍，修煉丹道當中所謂的災禍，就是修煉不成。

　　四時順宜，與氣相得。剛柔斷矣，不相涉入。

　　「四時」比照二分二至，春分、秋分、冬至、夏至，代表陰陽的過程。春分代表陽剛發生；夏至代表陽到極點；秋分代表陰剛發生；冬至代表陰到極點，四時在丹道當中代表陽極生陰，陰極生陽的過程。這個過程「與氣相得」，這裡的氣和現在市面上所稱的氣不是同一個代號，市面上所稱的氣屬於五行水火階段的水，這裡的氣是過程當中的氣，包含陰陽之氣，五行之氣，例如木金階段，雖然已經沒有氣感，仍然有陰陽之氣，所以這裡的氣是並非單指氣感的氣，而是整個修煉過程的能量流動之氣，其定義可以從前面

的「乾剛坤柔，配合相包。陽稟陰受，雄雌相須。須以造化，精氣乃舒。坎離冠首，光耀垂敷。」其中的精氣來了解。

《易經繫辭》：「天尊地卑，乾坤定矣。卑高以陳，貴賤位矣。**動靜有常，剛柔斷矣**。方以類聚，物以群分，吉凶生矣。在天成象，在地成形，變化見矣。」動靜自有其規律，這個規律是由剛柔來斷定的，而剛柔也是陰陽，《易經繫辭》：「剛柔者，晝夜之象也。」。而陽剛的力量升起時，陰柔的力量開始衰減，當陰柔的力量開始升起時，陽剛的力量就開始衰減，因此陰陽二氣「不相涉入」，順隨陰陽演化而生滅。同樣的道理，如果用人為的力量來決定陰陽之氣，例如陰柔的力量升起，但卻用人為的力量干涉，想要再次升起陽剛之力，如同前面所說，這樣的作法只會導致「逆之者凶」。

五行守界，不妄盈縮。易行周流，屈伸反覆。

「五行」就是金木水火土，五行在《參同契》當中說的不多，各位可以參考拙著《呂洞賓的詩與道：仙詩與丹道修行之門》，呂祖詩當中對於五行運用得非常好，講得非常詳細。水火土相交產生烏肝木，烏

肝木進入恍惚兔髓金，先陽後陰又回復陽，產生陽生，這樣就等於陰陽煉透一個循環，等於一個周天，這裡講的周天不是搬運法所謂的任督運行周天，而是陰陽煉透一個循環的周天，也就是「易行周流，屈伸反覆」。在五行的範圍內，不隨便膨脹或者收縮，「不妄盈縮」跟「順時而動」是一樣的，不用後天任意干涉，順應陰陽演化的時機而動，反覆周流一個陰陽周天，這才是丹道真正的煉法。

晦朔合符章第十八

晦朔之間，合符行中。

前面提到「晦至朔旦，震來受符。當斯之際，天地媾其精，日月相擔持。」晦是三十，朔是初一，從三十到初一，月亮完全不見，陰到了最極點，這個陰極就是準備要陽生。「符」是甚麼？根據前面提到的「易有三百八十四爻，據爻摘符，符謂六十四卦。」符就是卦象，所有的陰陽卦象到了「晦朔之間」全部做一個結束，準備要重新再來，所以「合符」是全部陰陽的力量結合在一起，準備做一個結束，重新產生一個陽再來一次陰陽的周流。所以陰極並不是力量的消失，而是力量的綜合，就像期末考一樣，做一整個學期的總整理。

混沌鴻蒙，牝牡相從。

「鴻蒙」是天地初始之氣，也就是產生在陰極之際，「混沌鴻蒙」是陰極之際，一片混沌原始之氣，

這裡講的氣並非煉氣功氣感的氣，而是一種能量，陰到了極點，即將要轉化為一陽生的力量。在這個陰極節骨眼之際，「牝牡相從」，牝，雌性動物；牡，雄性動物，代表陰陽，陰陽相從，意思跟上一句的「合符行中」也是一樣的意思，合符代表所有的陰陽卦象在最後合在一起發揮力量，「牝牡相從」代表在最後陰極之際，陰陽的力量綜合其中，要跟著陰極的力量轉化出一陽生的力量了。

滋液潤澤，施化流通。

關於「滋液潤澤，施化流通。」，筆者引用拙著《呂洞賓的詩與道：仙詩與丹道修行之門》一書當中對於「玉液金液，一了性而一了命」的說法。

知道了呂祖所說的入道就是從木金浮沉開始的，就能知道玉液金液是甚麼意思了，木色青，用玉代替，所以玉液就是烏肝木的光，跟電漿體的移動非常接近，類似一種液體的狀態，所以呂祖使用玉液來形容烏肝木的移動方式是非常貼切的。

知道了玉液是烏肝木的光，金液就是兔髓金的光已經毫無疑問了，千萬不要又把玉液金液當成甚

麼口水或者流動的氣感之類的，這樣就誤會大條了。

從呂祖的玉液金液可知，滋液潤澤並非真的液體，而是類似液體一樣流動的烏肝光，接在上一句的「混沌鴻蒙，牝牡相從」之後，陰極生陽的第一階段陽生，也就是烏肝光的陽生，產生了流體的烏肝光，故稱為「滋液潤澤，施化流通」。

天地神明，不可度量。

為什麼陰到極點生陽竟然能產生這樣流動如液體的光，這是天地神明的力量，人類不可度量。

利用安身，隱形而藏。

箕宿與斗宿是星宿，出現在東北方。修煉到了陰極的階段屬於「利用安身，隱形而藏」，雖然甚麼都沒有，好像隱形一樣，其實是藏著，等待陽生的噴發。

始於東北，箕斗之鄉。

俞琰《周易參同契釋疑》：「晦朔之間，合符行中，至始於東北箕、斗之鄉。蓋晦朔之間，乃是亥後子前，日月於此而隱藏；箕、斗之鄉，乃是艮後寅前，日月自此而旋起。以比喻丹法之妙與天地日月同途也。」

月相在晦三十朔初一之間，達到陰極，甚麼都看不見，就跟日的地支一樣，在亥時和子時之間，太陽在亥時和子時達到最深的深夜，最陰的極限。而箕斗之鄉的位置在東北艮後寅前，為陰極之後的一陽初生。

旋而右轉，嘔輪吐萌。潛潭見象，發散精光。

從實務上來講，陽生二階段大多是從右旋轉開始的，甚麼是右旋轉？你煉自發功就知道，右旋轉就是往右手的方向旋轉，也就是順時鐘方向。

「嘔輪吐萌」嘔就是吐，吐出一輪如萌芽般的光。這個光有的人解釋成月光，我認為這是雙關語，除了講陰極陽生產生月光，同時也表示陰極產生陽生二階段的光，而且陽生二階段的光，才會有右旋轉的特徵，還有如車輪般旋轉的特徵，兩個特徵證明這不

只說的是月光，主要講的是陽生二階段的特徵，這一段筆者認為是《上古龍虎經》的內容，非常重要。

「潛潭見象，發散精光」，同樣講的是陽生第二階段的內景，「潛潭」就是虛空玄關竅，「見象」出現內景，「發散精光」，陽生第二階段的內景經常是複雜幾何的光，在這個時代比較好講，有點類似全息投影那種光，但是古代就不好講了，沒那種類似的東西好講。

剛煉出第二階段陽生的道友都跟我說感到很驚奇，但是當類似的內景不斷的出現之後，也就慢慢習慣了，但是價值觀上或多或少會受到震撼，畢竟這不是平常日常生活中會產生的經驗。

昂畢之上，震爲出徵。

前面講到「箕斗」是星宿，同樣的「昂畢」也是二十八星宿，昂宿和畢宿。

《呂氏春秋・有始》：「何謂九野？中央曰鈞天，其星角、亢、氐。東方曰蒼天，其星房、心、尾。東北曰變天，其星箕、斗、牽牛。北方曰玄天，其星婺女、虛、危、營室。西北曰幽天，其星東壁、奎、婁。西方曰顥天，其星胃、昂、畢。西南曰朱

天，其星觜嶲、參、東井。南方曰炎天，其星輿鬼、柳、七星。東南曰陽天，其星張、翼、軫。」

前面「始於東北，箕斗之鄉。」很明顯箕斗代表東北，這裡的「昴畢之上，震為出徵。」對照《呂氏春秋・有始》：「西方曰顥天，其星胃、昴、畢。」就知道「昴畢」兩星宿代表西方，也就是震卦的方位。「徵」是徵兆。

陽氣造端，初九潛龍。

前面提到「三日出為爽，震庚受西方」，所以前一句講到「昴畢之上，震為出徵」，這裡就提到陽氣「陽氣造端，初九潛龍」，造端是剛開始的意思，震卦跟初三的月亮一樣，在陰極無月之後，開始出現一點點新月，所以說是陽氣的開始。

這裡的「初九」不是月相的初一十五那種初九，而是爻位。《易經》有六十四卦，每卦有六爻，最下面的爻稱為初，依次往上為二三四五六。最下面的爻如果是陽，就用九，最下面的爻如果是陰，就用六，所以震卦最下面的爻是陽，就稱為初九。

《易經・乾卦》：「初九：潛龍，勿用。」《易經・象傳》：「潛龍勿用，陽在下也。」

陽以三立，陰以八通。三日震動，八日兌行。
九二見龍，和平有明。

初三的時候是震卦開始運行，此時代表一陽生，
所以說陽以三立，陽在初三的時候成立。初八的時候
兌卦開始運行，此時初八，「八日兌受丁，上弦平如
繩」。所以這裡講，陰以八通，陰從初八的兌卦開始
打通。

《易經・乾卦》：「九二：見龍在田，利見大
人。」就是九二見龍，陽氣還沒開始之前，就是初九
潛龍勿用，陽氣還沒出來，現在九二，九代表陽，二
代表第二卦，陽已經出來一點點了，在田地上了，還
不到飛龍在天，剛從潛龍變成在田，代表陽氣剛開始
出現了。初八時的月相為上弦月，上弦平如繩，月亮
出現一半，一半陰一半陽，陰陽力量各半平均，故
「和平有明」，裡面的平是陰陽平均。陽氣剛開始出
現，陰也剛開始開通，所以陰陽力量平均。

三五德就，乾體乃成。

三乘以五等於十五，十五滿月，所以稱為「德

就」，有功德圓滿之意。「乾體」純陽之體乃成，十五達成滿月。

九三夕惕，虧折神符。盛衰漸革，終還其初。

《易經・乾卦》：「九三：君子終日乾乾，夕惕若，厲，无咎。」「夕惕」，終日勤奮，不敢鬆懈。九三就是第三爻，初爻二爻三爻都是陽，陽達到圓滿，仍就終日勤奮不敢鬆懈，過了這個，才開始陽虧轉折產生陰，由盛極而衰，逐漸產生變革，最終回到初點。

巽繼其統，固際操持。

陽盛到了極點，一陰初生，如同巽卦，所以說接下來是巽卦繼承統領地位，巽卦是初爻陰，二三爻都是陽，如同一陰初生，陰的力量開始接手。

九四或躍，進退道危。

《易經・乾卦》：「九四：或躍在淵，无咎。」或是向上跳，或是在深淵，都沒有對錯。向上跳是繼

續陽，向下往深淵是陰，在這個節骨眼或進或退，都有危機，但是怎麼做都可以。

艮主進止，不得踰時。二十三日，典守弦期。

這句有的版本是「艮主止進」，意義相差不大，都是停止前進的意思。接下來是艮卦為主，前進的力量停止，二十三日是下弦月，陽氣在這個時間不再往上升，典守下弦月的期間，這時候月明亮的部分只剩一半，陰陽各半，不像九四或躍在淵還有所選擇，這個狀況已經沒有選擇了。

九五飛龍，天位加嘉。

《易經·乾卦》：「九五：飛龍在天，利見大人。」九五，第五爻也是陽爻，龍已經飛在天上了，可以開始見大人了，大人物，上天已經給了位置來嘉獎，要升官了。陽也越來越強了，好像飛龍在天一樣，已經不是前面的潛龍勿用，沒甚麼陽，或者是見龍在田，只有陽露出個頭而已。陽氣剛開始練的時候，都是比較弱的，越練越強，這才是常態，然後又越練越弱，開始入陰，這樣才有所謂的陽極，就是陽

從零開始，慢慢露出頭，慢慢越來越強，達到極盛，這就是陽極，陽極之後，才能入陰，這樣才能陰陽循環。修練應該要陰陽交替，很多人忽略了陽要能達到強盛，這樣才有足夠的入陰的力量，如果陽沒有達到強盛，入陰的力道也不會太強，陰不陰，陽不陽，進步的力道就弱了。

六五坤承，結括終始。

這裡的六五不是第五陰爻，因為下一句又講到了「上九」最上面第六陽爻，等於是接著「九五」第五陽爻，所以六五應是乘法，六乘以五等於三十，三十等於晦，每個月的第三十天，晦暗。初三十坤承接，坤是陰到極點，總結概括，結束了之後又重新開始。

懷疑這句話應該是有點錯簡，應該要先提到上九在來提六五，我們知道《參同契》最早的彭曉版就已經錯簡了，不知道是彭曉故意亂排的，還是說到了彭曉手上就已經錯簡了，不得而知，反正就不是原來的順序了，所以讀《參同契》要有一個認知，第一，錯簡問題，第二，作者不明確的問題。

韞養眾子，世為類母。

坤卦包含養育所有的其他卦，其他卦走完之後，最後到坤卦，坤卦不是甚麼都沒有，陰極並非一無所有，反而是所有其他卦的母親，包含養育其他卦，所以才會在一陽初始之際，才能有力量衝出一陽生。「世」，就是一個月份的輪迴，「類」就是眾子卦，走完一個陰陽輪迴，包含了所有眾卦的力量，眾卦之母。

　　上九亢龍，戰德於野。

　　這段應該是承接「九五飛龍，天位加嘉」，上九是最上面的爻，第六個爻，九是陽數，第六個陽爻。《易經・乾卦》：「上九：亢龍有悔。」已經到最頂端最高亢的地方了，所以準備要回頭了，不能再往上了。《易經・坤卦》：「上六：龍戰于野，其血玄黃。」而相對應的坤卦第六爻則是龍戰於野，已經流血流到發黑發黃了，已經快死了，所以這兩個乾坤二卦的最上爻對應的都是物極必反，即將回頭的徵兆。

　　用九翩翩，為道規矩。陽數已訖，訖則復起。

《易經·乾卦》：「用九：見群龍无首，吉。」「翩翩」，往來的樣子。九代表陽，用陽之道，如果是群龍無首，沒有人爭雄，各安其本分，就是吉。所以用陽之道，就是與陰互有往來，不會一味地爭雄，這就是為道的規矩。陽數已經結束之後，又從頭開始。講的是陰陽交替才是大吉。

推情合性，轉而相與。

這段和後面的「性主處內，立置鄞鄂。情主營外，築垣城郭。」有關，這裡講的「性」是本性自性、本覺、神，「情」是大藥、小藥、氣。也可以說是性命，性是本性、神，命就是這裡講的情，大藥、小藥、氣都是。兔髓金來自於神火，為性。烏肝木來自於氣，為命，為情。推情合性，情是命功，所以用「推」這個字，代表主動去修煉，性是性功，必須合於本性，所以用「合」這個字。兩者互相搭配、互相輪轉、互相給予，性成就情，情也成就性，兩者相搭，性命雙修，方可成丹。

循環璇璣，升降上下。

「璇璣」有兩個意義，一個意義是古代天文儀器，一個意義是北斗七星的第一至第四顆星，筆者認為後者可能性較大，代表北斗七星跟隨璇璣升降上下，璇璣四星具有關鍵的影響力，跟性情相同，性情雙修，性命雙修，搭配陰陽循環，這樣才有可能煉成金丹。

周流六爻，難可察睹。故無常位，爲易宗祖。

性情如同璇璣，升降上下，周流六爻，陰陽循環，難以被覺察目睹。陰陽循環可以說是修煉當中最重要的一環，人人都知道一陰一陽之謂道，但是甚麼是陰陽卻看不出來。筆者以多年實修經驗，破解陰陽法則，著作於書，但是對許多人來說，仍就難以理解甚麼是陰陽，除非親身修煉，在實修當中，慢慢體會陰陽，如果純用觀察而不實修的方式，是非常難以理解的，可以說幾乎無法理解。

這個推動修煉的力量如同璇璣，在陰陽交替當中沒有固定的位置，這就是《易經》的宗祖。

爻變功用章第十九

朔旦爲復，陽氣始通。出入無疾，立表微剛。

初一如清晨為復卦，陽氣才剛開始通暢。《易經・復卦》：「復：亨。出入无疾，朋來无咎。反復其道，七日來復，利有攸往。」復卦的《易經》解釋就是出入沒有毛病，朋友來也沒有問題，微弱的陽氣剛開始立於表面。

黃鐘建子，兆乃滋彰。播施柔暖，黎蒸得常。

「建子」，以夏曆十一月（子月）為歲首的歷法。「黃鐘」，十二律中六陽律的第一律。黃鐘建子跟復卦一樣，都是剛開始。陽的徵兆從這裡開始滋長彰顯。天氣也開始變得溫暖而可以播種，黎民百姓脫離寒冬，得以開始過日常生活。

臨爐施條，開路生光。光耀漸進，日以益長。

臨卦上四爻陰，下二爻陽，代表二陽，承接復卦的一陽初生，藥爐可以開始施肥，藥爐的產生代表玄關竅的開啟，「施條」意思是施肥，代表玄關竅開始注入小藥，也就是烏肝光的產生，因此「開路生光」，這條道路已經打開，產生光了。有的版本寫「正光」，筆者認為「生光」是比較合理的，因為此時小藥烏肝光打開，是藥爐產生的象徵。

隨著功力的增長，光越來越明亮，一天比一天增長。

丑之大呂，結正低昂。

「大呂」，十二律中六陰律的第一律，對應臨卦，丑時，前面的復卦對應子時和黃鐘，臨卦對應丑時和大呂，陽的凝結從低到高昂，呼應上一句的「光耀漸進，日以益長」。

仰以成泰，剛柔並隆。

臨卦再往上仰就成了泰卦，臨卦下面兩個陽，泰卦下面就三個陽了，所以說「三陽開泰」，泰卦下面三個陽卦上面三個陰卦，所以說「剛柔並隆」，剛柔

陰陽的力量並列相當。

陰陽交接，小往大來。

此時陰陽交接，陰的力量漸漸式微，陽的力量漸漸增強，小往大來，陽從小開始，漸漸變大。有的註解家說這裡才要進火，這根本就是錯的，所謂的進火指的是在還沒入道之前的水火階段，而這段講的從臨卦就已經產生光了，早就脫離水火階段，何來來進火之說？這個階段還是一樣，還在「光耀漸進，日以益長」。

這段應該也是錯簡，照道裡講「小往大來」應該是臨卦，因為到了泰卦，應該是後面的「刑德相負，晝夜始分。」

輻輳於寅，運而趨時。

復卦對應子時，臨卦對應丑時，泰卦對應寅時。「輻輳」，容人或物聚集像車輻集中於車轂一樣。有的版本寫「進而趨時」，因為註解者認為這裡要進火，所以把運改成進，筆者已經解釋過，不可能是進火，已經是烏肝木階段，又不是水火煉氣階段，哪來

的進火？趨時意思是隨時勢而轉移。所以這一段講的是陽像車輻一樣往中間集中，並且開始運行，隨著時勢而轉移，這講的正是烏肝光的移動情況，只要煉出烏肝光的道友相信對烏肝光畫面都非常熟悉。

漸歷大壯，俠列卯門。榆莢墮落，還歸本根。

大壯卦，底下四個陽，上面兩個陰。對應卯時。「俠」可能是「夾」的誤寫，因為第四律是夾鐘，剛好對應大壯卦。「榆莢」有兩個意義，一個是漢代的錢幣代稱，因為長得像榆樹的果實，所以漢代的錢也稱為榆莢，一個是榆樹的果實。這裡的意義應該是後者，果實墮落，還歸本根，果實是烏肝光，本根是本性、自性、性情的性、神等等，就是烏肝光像果實一樣，從開始出現，到逐漸壯大，變成跟車輪一樣地運行，到了一個程度，時機成熟了，如同果實一樣，逐漸要還歸本根，從烏肝木轉化進入兔髓金。

刑德相負，晝夜始分。

「刑主伏殺，德主生起」，所以刑代表陰，德代表陽，相負，相互依靠，力量均等，照道裡講上面已

經講到了大壯卦，已經四個陽了，陽已經比較盛了，為什麼會是「刑德相負」呢？懷疑這裡可能又是一個錯簡，這段應該是放在泰卦後面。

陰陽力量均等，晝夜才開始區分。

夬陰以退，陽升而前。

夬卦，下面五個陽，上面一個陰，所以說夬卦的陰準備要退場了，只剩下最後一個陰。陽升於前，陽已經上升到眼前了，也有辰時的意思在裡面，夬卦對應辰時，早上五點到七點，太陽上升到眼前。

洗滌羽翮，振索宿塵。

「翮」，翅膀。洗滌羽毛翅膀，搖動繩索抖掉堆積在上面的灰塵，陽已經快要滿格，準備要振翅高飛了。

乾健盛明，廣被四鄰。

乾卦，已經六個陽，陽已經滿格了，陽強健盛明，範圍廣及四方。

陽終於巳，中而相干。

陽的力量在巳時達到巔峰而開始要結束，對應第六音律中呂，之後陰就會開始進犯了。「干」，冒犯。

姤始紀序，履霜最先。

陰從姤卦開始紀錄排序，最底下一個陰，上面五個陽，最先出現的陰在最底下，就像腳踩在冰霜。

井底寒泉，午為蕤賓。賓伏於陰，陰為主人。

「蕤賓」，十二音律中的第七音律，對應姤卦，午時，像井底寒泉一樣，陰深藏在地底下，在這個情況下，雖然陰只有最底下一爻，但實為主人，陽已經變成賓客了。

遯世去位，收斂其精。懷德俟時，棲遲昧冥。

遯卦，下面兩個陰，上面四個陽，遯同遁，遁世

丹道探源：參同契入藥鏡與無為之道

去位，離開官位，遁世山林隱退之象。收斂陽的精華，不再鋒芒畢露。

「棲遲」，隱遁。上一句講遁世離開官位，這句講懷德等待時機，隱遁在昧冥幽暗處。

否塞不通，萌者不生。

否卦，下面三個陰，上面三個陽。為什麼同樣三個陰爻，三個陽爻的泰卦，是三陽開泰，而否卦卻是否塞不通呢？因為就中醫的角度來看，上熱下寒，上陽下陰是陰陽隔離的厥陰病，同樣在《易經》也有類似的解釋，《易經・否卦》：「象傳：否之匪人，不利君子貞。大往小來，則是天地不交，而萬物不通也；上下不交，而天下无邦也。內陰而外陽，內柔而外剛，內小人而外君子。小人道長，君子道消也。」「萌」就是發芽，應該要發芽的，卻不生，和否塞不通，天地不交都是一樣的意思。

陰伸陽屈，沒陽姓名。

否卦之下，陰在伸長影響力，而陽越來越屈下。遯卦時已經遁世去位，到了否卦，連姓名都沒有了。

觀其權量，察仲秋情。任畜微稚，老枯復榮。薺麥芽蘗，因冒以生。

　　觀卦，上面兩個陽，下面四個陰。觀就是權衡量度，體察仲秋之情，可懷孕的牲畜在這個仲秋的季節，還是有點稚嫩，還不到可以懷孕的程度，冬天準備要枯老的植物在這個仲秋的時候，還是相當欣欣向榮。薺麥雖然已經收割了，但是還是可以在這個時候長出嫩芽，這個時候冒出的嫩芽，還能夠繼續生存下去。

　　剝爛肢體，消滅其形。化氣既竭，亡失至神。

　　剝卦，下五個陰，上一個陽。《易經・剝卦》：「六四：剝床以膚，凶。」災害已經逼近床，把床都給侵害了，已經到了皮膚了。所以剝卦爛肢體，削減其形，就是陰已經快要把陽給侵蝕光了。在丹道的實修上，陽轉化陰的氣已經力竭了，亡失至神，這裡的神就是覺知，已經沒了，進入恍惚狀態。

　　道窮則返，歸乎坤元。

道到了窮盡極限，則開始返回，回歸到坤元。《易經‧坤卦》：「至哉坤元，萬物資生，乃順承天。」元在這邊的意思跟元月是一樣的，坤元，《易經》最初的起點，還沒開始，準備要開始的起點。讀者可能會覺得《易經》不是從乾卦開始嗎？為什麼這邊又講「坤元」？這一點可以用數學上自然數的概念來看，我們可能會以為數字一是自然數的開始，但是其實真正的起點是零，沒有零，一就沒有意義了。

恆順地理，承天布宣。

前面講到坤卦，天地裡面，地代表坤，所以提到順應地理，到了坤卦也到了陰的極限，接著就要變成陽，因此講承天布宣，陽開始發布宣揚了。

玄幽遠眇，隔閡相連。

玄，黑色。幽，幽暗。眇，幽遠。玄幽遠眇，講的還是代表坤卦，陰極，在丹道裡面代表意識下沉到極點的黑暗昏沉。雖然陰和陽有隔閡，但事實上卻是相連的，陰到了極點，就自然轉變為陽，同樣的陽到

了極點，也自然轉變為陰。這個陰陽轉換在丹道裡面特別明顯。

應度育種，陰陽之元。

相應陰陽轉換的節度，以培育種子，作為陰陽的最初。

廖廓恍惚，莫知其端。

「廖廓」，遼闊深遠。陰陽的力量遼闊深遠，反覆循環，不知兩端在哪裡。

先迷失軌，後爲主君。

《易經·坤卦》：「君子攸行，先迷失道，後順得常。」在坤卦極陰的狀態下，先迷失軌道，然後才為主君，這講的就是煉到陰極之處，意識下沉，失去意識，然後又意識上浮，回到神火為主。

無平不陂，道之自然。

不是平的，也不是斜坡，筆者認為這段講的是波浪，意識浮浮沉沉，如同波浪一般上上下下，道之自然現象。

變易更盛，消息相因。終坤始復，如循連環。帝王承御，千載常存。

陽盛極就會變更為陰，陰盛極就會變更為陽，陰的出現是因為陽，陽的出現也是因為陰，兩者互相為因，到了坤卦結束，又從復卦開始，像循環一樣連環出現。帝王以陰陽循環的原則治國，則國家千載長存。

養性立命章第二十

將欲養性，延命卻期。

把花在慾望上面的能量拿來養性，就可以延長壽命，把死期往後退卻。這裡的養性不是只有性功，而是指修練這件事情，練的是前面講的天性、本性、自性、覺、神。

審思後末，當慮其先。

若要審思人最後的結果會如何，應當要思考最初的時候是如何。

人所秉軀，體本一無。

人所秉持的身軀，這個身體本來是沒有的。

元精雲布，因氣託初。

一開始只有元精如雲一般分布，因為氣的依託而產生最初的本體。

　　陰陽爲度，魂魄所居。陽神日魂，陰神月魄。

　　意思是以陰陽為度量，魂魄所在的地方。陽神就是日魂，陰神就是月魄。《悟真篇》：「日魂玉兔脂，月魄金烏髓。撿來歸鼎中，化作一泓水。」亦可參考拙作《悟真篇：無為丹道二》：「『日魂』是煉烏肝的環境，也就是烏肝狀態下的神火就是魂；『月魄』就是煉兔髓的環境，也就是兔髓狀態下的神火就是魄。脂就是脂肪，外層的意思；髓就是骨髓，內層的意思。『日魂』就是烏肝狀態，這個狀態是兔髓的外層脂肪；『月魄』就是兔髓，是烏肝的裏層骨髓。所以《參同契》說，兩者互為宅室，烏肝就是外層的宅院，兔髓就是裡層的內室。不管是裏還是外，陰還是陽，烏兔都是小藥，『撿來歸鼎中，化作一泓水』，兩者都是煉大藥的材料。」

　　煉丹道類似懷孕的狀態，一開始就是只有未煉化的元精，經過神氣相交之後，產生小藥，這個小藥分為烏肝木、兔髓金，烏肝木稱為陽神日魂，兔髓金稱為陰神月魄。所以我們知道陽神陰神都不是欲界幻境

當中看到的影像，而是神演化的狀態，識神演化成元神過程中的半成品狀態。

魂之與魄，互爲室宅。性主處內，立置鄞鄂。

魂與魄互為室宅，室強調室內，代表魄；宅強調外宅，代表魂。「性主處內」，代表魄。「鄞鄂」，意思是邊際、界限，引申指形體，軀體。

情主營外，築垣城郭。城郭完全，人物乃安。

情主要是經營外面，建築外牆城郭，只要城郭完整安全，裡面的人物就會安全。裡面的人物有三層意義：第一層，婦人懷胎的胎兒；第二層，代表魄；第三層，代表真人。筆者認為這是用第一層意義，去衍伸成為第二層和第三層都有同樣的意義，讀者別忘了，《參同契》建立在《上古龍虎經》，這段有可能是《上古龍虎經》提到真人的部分，而被後來的《易經》論者所衍生運用在魂魄的部分，所以筆者認為這三層意義都是有用到的。

爰斯之時，情和乾坤。

在這個時候，情就是魂，就是烏肝木，和於乾坤，和於陰陽。

乾動而直，氣布精流：

「乾」就是陽，陽是動的，而剛直，陽動的時候，氣密布而元精流動。動功是陽，氣感是陽，流動如極光的烏肝木也是陽。

坤靜而翕，爲道舍盧。

「坤」就是陰，就是靜，而收縮，是建造道的房屋。這裡講的道，定義應該是陰陽循環交替之後所產生的陽生現象，而這個陽生現象必須是要陰極之後才會產生，所以說陰是道的房舍。

剛施而退，柔化以滋。

「剛」就是陽，陽提供材料之後，就退去。「柔」就是陰，陰接收了陽提供的材料之後，就把這些材料轉化，並且滋養。陰把陽提供的小藥轉化成大

藥，滋養金丹的生長。

　　九還七返，八歸六居。

　　「七返」，七是火的代號，講的是陰極生陽的陽
生剎那，神火從陰極的沒有神火，到陽生的剎那產生
神火，這個就是七返。「九還」，九是金的代號，在
這裡是小藥的代號，神火產生的剎那，把冒出來的小
藥，轉化成金丹，這個冒出來的小藥就是九還。

　　請回頭看表六，一和六是水，二和七是火，三和
八是木，四和九是金，五和十是土，所以八是木，六
是水，八歸六居講的是陰極生陽的剎那，之後回歸到
木或水的狀態，經歷過短暫的陽生現象之後，又回歸
到烏肝木的光感或水的氣感狀態。

　　男白女赤，金火相拘。

　　女的代表顏色是赤紅，男的代表顏色是白，這是
男女生理的顏色，女生有生理期，男生有精液，所以
就大自然來講，男白女赤是自然的顏色。金火一白一
赤也跟男女生理相同，因此是陰陽同類，會產生相互
拘束的現象，意思是陽生的剎那，七返九還，火返金

還兩者相互拉扯的力量跟男女相同。

則水定火，五行之初。

七返九還之後如果沒有產生金丹，而是回到最初的水，那就是屬於第一階段陽生，這是初學者常見的現象，初學者不可能剛開始煉，一下子就金丹，一開始一定是先回到水的狀態，也就是氣感的狀態，所以這個陽生是有演化的歷程的，一開始是最初的水，然後才慢慢進化，這個進化都是基於陽生來進化的，所以如果沒有陰陽煉透，只有專注在煉氣感，那這樣煉一輩子恐怕都是沒辦法進步的。

上善若水，清而無瑕。

《道德經》：「上善若水。水善利萬物而不爭，處眾人之所惡，故幾於道。」最高大上的善就跟水一樣，清徹無瑕。

道之形象，眞一難圖。

《郭店楚簡》：「太一生水，水反輔太一」，所

以這裡講的「真一」不是水，而是道的形象，《楚辭九歌》當中也提到東皇太一，作為一個最初始的神祇。筆者認為這是內景，從烏肝木開始就產生如同極光的內景，到陽生第二階段產生各種幾何圖形的內景，兔髓金後期產生如圓月的內景，到第三階段陽生大型曼陀羅內景，到金丹真人內景，這過程都是很難畫出來的，有些人就畫一個圓圈圈代替，其實真的很難完全表達，因為每人每次出現的都不相同，這之間有甚麼樣的規律，都是非常難以歸納的。第一，有能力煉出來的人就少，第二，語言表達能力有限，畫圖能力有限，更別說遠在漢代，可能資訊交流不易，有經濟能力能煉的人不多，因此煉得出來的人又更少了。第三，大部分的人被誤導到煉氣的旁門左道了，因此即使很努力的煉上一輩子，也因為對於陰陽的了解有誤，也沒辦法煉出「道之形象」。

變而分布，各自獨居。

這一段應該也是《上古龍虎經》的內容之一，這個部分講的只有用曼陀羅現象才能解釋，只有幾何圖形的曼陀羅，或是真人的曼陀羅，才有這種現象。在第二階段陽生開始，就會產生各式各樣的曼陀羅，剛

開始只有各種形狀，但已經開始有這種情況，分布而獨居，意思就是有數量相當的同樣形狀，平均分布，而形狀是剛開始的玄珠，到了第三階段陽生，就會轉化成真人，也是同樣的現象。

筆者認為這一段是《上古龍虎經》，而非寫《易經》的那位作者，有一個很大的依據，因為這樣的內景在第二階段陽生開始展現，直到第三階段陽生，都是類似的內景，不斷地演化，而《參同契》雖然有提到，但是中間還有很多被省略掉的演化歷程，因此，有些註解者認為《參同契》完全是同一個人寫的，筆者相當不認同，如果是同一個人寫的，就不會花那麼多力氣在無甚麼大用處的《易經》演化上面，而會在陽生的演化有更多的著墨，甚至在心法上會有更多的著墨。

依照《參同契》作者的寫作習慣，東引用一個概念，西引用一個概念，他把《上古龍虎經》融入到《參同契》其中，而非他個人所創作的可行性非常高。各位讀者在看《參同契》的時候，心中可能要有一個想法，這個作者可能是魏伯陽沒錯，但是他引用了許多內容，其中包含了揭露上古丹道非常關鍵的一本書，《上古龍虎經》，而關於這本經書的內容，就是我們要關注的重點。

這一段就講了《上古龍虎經》的關鍵重點，第二階段陽生到第三階段陽生獨特的顯示方式，這個顯示方式並非每次都是如此，這有點像是全息影片，有時候會集中一個點顯示，有時候則會平均分布各自顯示，而平均分布有時候也會因為能量不足，有些地方會不清楚，有些地方會比較清楚，不管如何，這一段的內容，完全揭露了真正的金丹是如何的顯示，並非像搬運法所說的，腹部的一個氣感，又或是類似烏肝光的一團聚氣的光。

　　　　類如雞子，白黑相符，縱廣一寸，以為始初。

　　看起來像是雞蛋，蛋黃部分是白的，蛋白部分是黑的，長寬大約一寸，這是最初的金丹。這段肯定是《上古龍虎經》了，根據筆者自身的實修經驗，這是經歷過無數次的陽生第二階段之後，能量又提升上去，轉化成陽生第三階段，剛要產生金丹的現象。前面的陽生第二階段各種幾何形狀算是金丹前期，呂洞賓和張伯端都稱為玄珠，到了陽生第三階段成熟期，轉化為金丹，金丹本身就是真人，如同一張網，打開就是真人，揉成一團便是金丹，而這段講的，是剛要演化成金丹的大圓月，此大圓月其實也不只一寸了，

幾乎占滿整個玄關竅，與其說像雞蛋，不如用現代的語言說，更像顯微鏡或者天文望遠鏡，因為打開虛空，所以中脈形成一個中空，橫切面就是大圓，透過中脈形成的中空大圓，就從其中開始凝結金丹真人，凝結成功之後，金丹便是真人，真人便是金丹，一開一合，一體兩面。

　　讀者可能會覺得不可思議，近代又有誰真能煉出金丹真人，筆者歷經多年苦心修煉，證得此景，寫在此《參同契》一書，希望把真相公諸於世，當然也不希望有人因此而產生妄想，導致幻境，請讀者不可犯下妄心，以免誤入歧途，務必以清淨意土，陰陽交替，自然產生真正的金丹，不可犯下搬運法之錯，勿以體內氣感為丹，勿以烏肝木為丹，勿以欲界幻境為丹，務必老老實實，經歷無數次的第二階段陽生，形字印的演化，方能煉出大圓月，進而於虛空凝結成真正的金丹真人。

　　四肢五臟，筋骨乃俱。彌歷十月，脫出其胞。骨弱可卷，肉滑若鉛。

　　成就真正的金丹真人之後，真人確實跟真人一模一樣，看起來就是真正的人，但是否是真正的人，抑

或是全息投影下所隱藏的另外一個奧祕，這一點筆者
尚未破解，但是筆者確定，真的有金丹，也真的有真
人，而這真人其實是看不到內臟的，所謂的「胞」，
其實是玄珠，因為在演化成真正的金丹真人之前，會
演化無數次的玄珠，這玄珠就是胞，玄珠成熟後，才
會演化成上一段的類如雞子，俗稱大圓月。大圓月在
許多經書當中都提到，包含佛經也一樣，所有的修行
者，如果沒有行差踏錯，沒有誤入旁門左道，到最後
修煉有成果所出現的，必然是此大圓月。但有許多誤
入旁門左道的修行者，誤將初期的白色烏肝木認為是
大圓月，並且將此錯誤的歧途，廣泛教受於學生，令
更多人誤入岐途，在烏肝木的各種顏色當中找尋解
釋，出現白色就說是大圓月，完全無視於過程中應該
出現的陽生第二階段形字印，也完全無視於陰陽交替
清淨意土在修煉過程中的重要性，僅僅只是使用一些
體操，加上一些意念驅動氣感，就產生烏肝木的光，
並將此光稱為金丹或者圓月，而且此種情況已經有無
數人上當，筆者無力迴天，只能將此情況，記載於書
中，希望讀者勿再受此旁門左道所誤導。

　　與其說看起來像真人，不如說真人更像全息投
影，在古代並沒有全息投影，因此難以解說此情此
景，但是現代全息投影發達，幾乎大部分的人都看過

全息投影所產生的影像，真人就類似全息投影，並非如同電視影片那樣彩色的，而是單色的。因此，真人的產生必須非常小心判斷，第一，必須真正無數次的陰陽交替煉透；第二，必須無數次的陽生第二階段形字印產生，並且明確的演化歷程；第三，在陽生第二階段轉型成第三階段，必定經歷許多特殊的陽生演化，此陽生演化又與陽生第二階段的演化不同，若非親身經歷者，必然無法體會。因此讀者必須小心，不可將大腦當中的幻象當成陽生或者金丹真人，在陽生第二階段期間，都還是會出現許多欲界幻境，因此清淨意土在此階段變得更加重要，若非對自己的內在有深度的清理，將難以度過此關，並且非常容易陷入欲界幻境之中。筆者曾經教導過許多學生，在此階段卡關的不少，大多是心有所求，對內在不採取深度探求，而是以外求為主，只要心的方向出了問題，在此關卡必然被幻境所迷，筆者也曾經嘗試點醒深陷幻境的學生，但是當一個人相信自己的幻境是真的時候，別人再怎麼說也很困難了。因此清淨意土非常重要，就如同本書下篇《入藥鏡》所說：「窮戊己，定庚甲」，戊己就是清淨意土，若非從頭徹尾以清淨意土一貫行之，則後段必然深陷幻境，無可救藥。

二氣感化章第二十一

陽燧以取火，非日不生光。

「陽燧」是古代用來取火的銅製凹面鏡，利用太陽光反射，凹面鏡聚焦太陽光以取火，所以如果沒有太陽就沒辦法取火生光。

方諸非星月，安能得水漿？

「方諸」是古代在月下盛露取水的器具，所以說如果沒有星星月亮，意思是如果沒有因為夜晚所產生的露珠，單單靠著方諸又如何能夠取得水漿呢？

二氣玄且遠，感化尚相通，何況近存身？切在於心胸。

陰陽二氣玄妙悠遠，透過陽燧和方諸這種外在的物質，尚能感化相通，更何況離自己這麼近的身體，就在心胸之中而已。

陰陽配日月，水火爲效徵。

透過日，陽燧可取火；透過月，方諸可取水，內在身體也有日月，就是陰陽循環交替，跟陽燧方諸一樣，能夠產生內在的水火。從內在的水火，產生內在的金木，加上整個過程的土，五行俱全就能煉成金丹。

關鍵三寶章第二十二

耳目口三寶，閉門無發通。

耳目口這三樣寶貝，閉門不開，眼睛可以閉上不看，嘴巴可以閉上不說話，耳朵又如何閉上不聽呢？所以這裡講的是注意力，注意力收回，感官不向外抓取，煉到了兔髓金，意識下沉，自然外界的聲音就不見了。

真人潛深淵，浮游守規中，

這一句話大部分的註解者因為沒有煉出真正的真人，所以都把這句話裡面的真人，解釋成「比喻」神火或者注意力。事實上煉到金丹是真的有真人，而且真人是潛藏在玄關竅之內，到了金丹大成之後，確實會浮上來，玄關竅就像是圓規劃出一個圓一樣的範圍，在內景的正中央。

旋曲以視聽，開闔皆合同，

注意力不向外，而向內迴旋。不管內景是開是合，都是一樣，注意力都要向內。

爲己之樞轄，動靜不竭窮。

「己」不是自己，是戊己，陰土的意思。陰土是樞紐統轄整個過程，不管是動或是靜，都無窮盡。注意力向內，覺察陰土潛意識之私欲與意圖，這個覺察貫穿整個修煉。

離氣內營衛，坎乃不用聰，

《靈樞・營衛生會篇》：「人受氣于穀，穀入于胃，以傳與肺，五藏六府，皆以受氣，其清者爲營，濁者爲衛，營在脈中，衛在脈外，營週不休，五十而復大會，陰陽相貫，如環無端，衛氣行于陰二十五度，行于陽二十五度，分爲晝夜，故氣至陽而起，至陰而止。」

前面提到「坎戊月精，離己日光」，離是火，對應陰土；坎是水，對應陽土，聰是耳聰，爲什麼說坎水不用耳聰呢？不用聰的意思還是跟「旋曲以視聽」

相同，陰為前面提到「開闔皆合同」，不管玄關竅是開是合，注意力都是一樣向內，坎離階段也就是水火階段，屬於玄關竅閉合狀態，同樣不用聽，同樣感官不向外，也是向內。

向內之時，氣內走營衛，營在脈中，衛在脈外，也就是不管氣在身體裡面走的是營或是衛，都是基於陰陽，反覆不休。

兌合不以談，希言順鴻蒙，

《易經·說卦》：「乾為首。坤為腹。震為足。巽為股。坎為耳。離為目。艮為手。兌為口。」「兌」對應口說，所以說兌合，就是口閉合，不說話，不談話。「希」，稀少。少說話順應鴻蒙初始之氣，一說話就沒辦法煉了，連水火階段都沒辦法煉，更別說後面的金木階段。

三者既關鍵，緩體處空房。

耳目口三者既然已經做到關鍵處，懂得向內回收注意力，內在的存在體，也就是各種內景，就會覺醒出現，處在空房，空房就是玄關竅的空間，也就是內

景所在的空間。

委志歸虛無，無念以爲常。

將志向歸於虛無，腎藏志，想要做甚麼事情，立志，所以志就是意向，將意向歸於虛無，這就是陰土煉己之法。陰土己就是內在的意圖私欲，陽土戊就是表層的心念、雜念、念頭等等，所以前面講了志，代表陰土之後，後面又講「無念」，為陽土戊。無念以為常，沒有念頭是常態。

實修上，煉到烏肝木出現，就已經無念狀態了，但仍然有意向陰土，所以意向陰土會歸類到兔髓金，因為在兔髓金的狀態下，進入恍惚意識下沉，此時已經沒有心念，但是意向仍然存在，如果有沒有清理乾淨的意向，就會在恍惚之時，出現欲界幻境，有許多大師掉入幻境坑，並把幻境坑當成是出陽神，誤導許多人，希望讀者務必小心。

證難以推移，心專不縱橫，

驗證前面講過的很困難，是因為心念容易推移縱橫，動來動去不專心，所以證悟必須要專心。

寝寐神相抱，覺悟候存亡。

　　就連睡覺的時候，都要神相抱，持續煉神。覺悟就會在存亡之際產生，等候存亡之際就能覺悟，存亡之際是陰極生陽的霎那，陰陽煉透，陰極生陽，產生二階段陽生內景，就是覺悟開啟的時刻，也就是所謂的得道。

　　入道從產生烏肝木開始；得道從陰陽煉透產生陽生第二階段內景開始；證道從陽生第三階段開始，煉到了陽生第三階段，就能證明這條路確實可通金丹真人。得道是覺悟出陰陽法則，入道是開始打開玄關竅，出現烏肝光。

　　很多人喜歡在睡覺之前煉氣，這樣容易睡不沉，因為氣屬於水火階段，是烏肝木的前置階段，是武火驅動陽生發的階段，所以睡覺前煉氣容易造成睡眠問題。睡覺前要煉的不是氣，而是神，也就是烏肝木陽神轉兔髓金陰神，這樣才不會影響睡眠，也就是要把煉功跟睡眠結合在一起的話，本身的程度就要達到陰陽煉透的得道階段，能夠很順利地從烏肝木轉化成兔髓金，自然地打開玄關竅，自然地意識下沉，如果本身的程度沒有到達這裡，還在氣感階段，那就不能在

睡覺前煉功，以免影響睡眠。

顏容浸以潤，骨節益堅強。

煉對之後，顏容好像浸水一樣滋潤，骨節也越來越堅強。

排卻眾陰邪，然後立正陽。

可以排除卡在身上的眾多陰邪之氣，然後身體慢慢轉變為真正的陽性體質。

脩之不輟休，庶氣雲雨行。

努力修煉不半途而廢，身上的氣多到就跟雲雨天下雨一樣。「庶」，富庶，眾多之意。

淫淫若春澤，液液象解冰，

像春天的澤水一樣流動，像冰融化一樣的水液流動。

從頭流達足，究竟復上升，

從頭流到腳，又從腳往上升。

這裡講的是經由陰陽交替，化解陰氣快要完成的階段，會產生這種氣感，從頭流到腳，又從腳到頭，躺著的時候，氣在全身繞圈，剛開始慢，後來越來越快，然後就氣入中脈。

但是讀者要注意，這並非是後天意念帶動的，而是不斷地陰陽交替到了一個階段自然產生的，就像春天冰川融化一樣，水到渠成，自然產生的。如果把這種現象跟搬運法後天意念操作混為一談，然後認為用後天意念操作造成的氣感旋轉就是這種現象，那問題就嚴重了，因為後天意念搬運所造成的氣感旋轉是不可能產生金丹的，而這種陰陽交替自然產生的氣感，是第二階段陽生升級成第三階段陽生的現象之一，還有許多其他附帶的現象，除了氣感的升級，陽生內景的升級也是同時發生的，還有睡眠狀態的升級也一樣。

有些搬運法的人會自認為後天意念帶動煉到後來，形成一種慣性之後的任督繞圈，也是這種情況，那這就大錯特錯了，各位讀者一定要注意，這種以後天意念帶動所導致的慣性氣感繞圈，和陰陽交替到了

極點，要轉化成第三階段陽生過程的氣感繞圈，完全是兩回事。這種陰陽交替到了極點所產生的氣感繞圈，所產生的氣感，過程中會進入骨髓，也就是氣感酥麻軟都在骨髓當中，胸骨、肋骨、腿骨、脊椎骨、腳後跟骨、頭骨、臉骨、鼻樑骨等等，都在骨髓當中行走，而且是階段性的，過了這個階段，升級完成之後，就沒有這種現象了，各位讀者切勿和搬運法的後天意念搬運氣感現象混為一談，一則是揠苗助長，沒甚麼用處，一則是與陰陽交替到了極點所產生的自然現象相比，兩者大大的不同。

往來洞無極，怫怫被谷中。

「怫怫」，滯留。「被」，散開，同披。「洞」，玄關竅。上面講到的是快要進入陽生第三階段的一個特殊氣感，這裡的「往來洞無極」也是其中一個，陽生第三階段的虛空空間，會比陽生第二階段的空間更大更深，而且經常有在洞中移動的內景出現。「谷中」也是玄關竅，在這個階段，整個煉功重點都在玄關竅，在這個階段經常有霜飛的現象，看起來像是一堆星星往眼前衝過來，有時候又像是煙火散開，這都是升級第三階段陽生的內景之一。

不過讀者要小心的是不要與初期第三眼剛打開時候的小星星混為一談，第三眼剛開始打開的時候，經常會冒出一堆小星星，這些小星星是不會移動的，跟要升級第三階段陽生的霜飛是完全不同的，如果混為一談，就犯了大錯，就像很多人會把初期的白光烏肝當成圓月。

丹道修煉如果以內景來看程度，肯定是鬧笑話了，這一點讀者千萬要注意，若非全程煉透，就會很容易產生自我感覺良好的情況，把初期的一些內景當成後期的，有許多搬運法煉習者就犯了許多這類錯誤。

反者道之驗，弱者德之柄。

陰陽反復是道的驗證，如果能夠煉出陰陽反復，就是煉對了。就跟弱者是德的勺柄一樣，勺柄是根本掌握。

《道德經》：「反者道之動；弱者道之用。天下萬物生於有，有生於無。」

耕耘宿穢汙，細微得調暢。

「宿穢汙」跟宿便的宿是一樣的意思，累積很久的穢汙，「耕耘」是修煉。修煉過程中，體會到許多陰不斷地被化解，如果化解到一定的程度，就會產生陽生，如果化解得不夠，就不會產生陽生。不斷地重複這個過程，就很清楚地能夠感受得到「宿穢汙」堆積得很深，這就跟佛陀講的五蘊是相同的，只要是一個實修者，在不斷地陰陽反復之中，必然能夠很清楚地感受到陰（五蘊）的力量。「細微得調暢」在修煉過程中，可以感受到各種細微之處，得到調理並感到舒暢。

濁者清之路，昏久則昭明。

　　這句話非常重要，不要排斥濁氣，濁氣的產生是由於排毒清理所產生的，只有把濁氣排出來，才能夠得到清澈的氣場。同樣的，也不要排斥昏沉，昏沉也是排濁氣的現象之一，只有把濁氣排出之後，清氣產生，才能夠產生神識昭明。

　　所以這邊有一個非常大的陷阱，各位讀者需要注意的是，有許多大師的教學是教人要抗拒昏沉的，並且把昏沉當成非常嚴重的壞事，認為煉功昏沉會墮入甚麼無間地獄之類的，會講出這種話的大師，各位讀

者心中要有一個認知，這就是沒有煉到「濁者清之路，昏久則昭明」的半調子，這種人不知道昏沉就是昭明的道路，只有完全化陰，才能夠成就純陽，而非所謂以後天意識的覺察，妄想成就先天元神，哪個門派我們就不在書裡面明說，各位讀者對於此點，要非常注意，避免走入錯誤的道路。

傍門無功章第二十三

世人好小術，不審道深淺。

世人大多喜好一些旁門左道的小術，例如搬運法、觀想法、偶像崇拜、房中術等等，而不去審視這些小術當中道的深淺。

棄正從邪徑，欲速闕不通。

放棄正道而走邪徑，反而欲速則不達。「闕」，堵塞。也有些版本寫「欲速關不通」，筆者採用「欲速闕不通」版，較為合理。

猶盲不任杖，聾者聽宮商，

走旁門左道的人，就好像盲者不拿拐杖，聾者聽音樂。

沒水捕雉兔，登山索魚龍，

沒入水中想要抓捕雉雞和野兔，登高山想要捕魚。

植麥欲獲黍，運規以求方。

種麥子卻想要獲得黍米，運轉圓規卻想要得到方形。

竭力勞精神，終年無見功。

走旁門左道的人，就像上面的例子所說，都是白費力氣，大方向錯了，再怎麼努力，不管花多少時間，都是沒有結果的。

欲知伏食法，事約而不繁。

如果想要知道修煉金丹的方法，簡單而不繁瑣，陰陽而已。「伏食」就是修煉金丹的代稱。「約」，簡約。

流珠金華章第二十四

太陽流珠，常欲去人。卒得金華，轉而相因，化爲白液，凝而至堅。

「太陽流珠」代表神火，剛開始在水火階段，神火常常會跑掉，說白話一點，就是被雜念抓走了，所以叫做「常欲去人」，去人，離人而去，神火煉一煉就跑掉了，跑去想別的事情，起雜念。

但是堅持下去之後，過一陣子就會得到金華，「金華」就是烏肝光，很多人把金華解釋成金丹，特別是某些託名呂祖著作，明明是乩童所寫，卻號稱是呂祖附身，就用了呂祖的名義，各位讀者要小心，金華不是金丹，而是烏肝光，烏肝光說過很多次，就是如同北極光一般質感的光，如果用意念控制，可以凝聚成一團，有些人就把這種烏肝光當作金丹，認爲煉金丹就是要聚氣，其實是大錯特錯，這是一個非常大的坑，各位要小心，不要被市面上這類人所蒙蔽，耽誤了自己修道之路。

得到金華（烏肝光）之後，「轉而相因」，陰陽

交替互轉，互相為因，陰為陽之因，陽也為陰之因，陰的產生是因為陽走到了極點，而陽的產生是因為陰走到了極點，所以說經歷陰陽的轉而相因之後，在陰的階段，也就是兔髓金的階段，就會化為白液。各位讀者要知道，液在這邊的定義是如同液體般的光，烏肝兔髓小藥光的質感，就如同北極光，也如同電漿，電漿之所以名為「漿」，是因為流動的方式與液體非常類似，所以白液在這邊就是白色的光，也就是兔髓光。

兔髓的白色光剛開始出現在陽生階段，到後來慢慢往前面移動，變成到兔髓金階段就出現，此時就會「凝而至堅」，變成類似圓月的光，不會像烏肝光那樣移動的白圓光，邊緣清晰，不像烏肝光邊緣是霧邊。

這段非常重要，筆者認為這段就是《上古龍虎經》的內容，才會講得如此具體。

金華先唱，有傾之間，解化爲水，馬齒闌玗，陽乃往和，情性自然。

「金華」就是烏肝光，先出現烏肝光，頃刻之間，一下子就解化為水，這裡的水，和水火階段的

水，不是一回事，而是前面提到的液體狀的光，流動的光。「瓓玗」是美玉，「馬齒」，馬的牙齒，像馬齒美玉一樣漂亮的光。前段提到白液，是兔髓金的白光，這裡提到馬齒，馬的牙齒肯定是白的，意義和前段的白液應是重複描述了。「陽乃往和」，陰陽往來交替平和，陰陽往來平和就會產生這樣的現象，先出現烏肝光，然後流動的烏肝光，到了一個程度，出現兔髓金白光，這是情和性自然所導致，情代表陽，烏肝；性代表陰，兔髓。

迫促時陰，拘畜禁門，慈母養育，孝子報恩，嚴父施令，教敕子孫。

「拘」，止也。「畜」，收藏。「禁門」，把門關上。時機緊迫促進陰的時候，陽開始停止潛藏，意識也開始下沉，不再與外界有交流。講的就是接近陰的時候，就止火，意識下沉。

「慈母養育」，講的是進入陰的狀態，慈母代表陰，進入陰之後，就開始溫養，溫養的意思就是用烏肝木狀態下燒出來的餘溫，止火之後，水還有溫度，用這個溫度來溫養，這狀態也稱為沐浴。沐浴溫養講的都是一樣的狀態，止火之後，在裡面繼續發生作

用，但是意識已經下沉了，沒有神火了。

慈母養育之後，陰極生陽，產生陽生，陽生的現象就是「孝子報恩」，丹道所有的重點演化都在這個陽生上面，所以陽生是一個結果，是「子」。

前面講慈母是陰，那嚴父就是陽，指的就是烏肝木的狀態。「嚴父施令」，烏肝木狀態提供陽的來源，這些陽的來源是用來教導子孫的，也就是烏肝木的狀態是一個方向的作用，施令的作用就是給方向，如果烏肝木的狀態煉對了，方向煉對了，後面順利進入慈母狀態，最後就能夠順利地「孝子報恩」，如果烏肝木狀態的方向錯了，不僅慈母無法進入，孝子也不會產生了。因為烏肝木狀態還是有神火的，屬於文火，心神都還是在的，到了慈母，止火，意識下沉，整個人就開始進入類似深層睡眠恍惚昏沉狀態，就沒有所謂的神火的方向問題了，所以真正能掌控方向的時機，就是在烏肝木的陽的狀態，也就是嚴父的狀態，所以說「嚴父施令」。

五行錯王，相據以生，火性銷金，金伐木榮。

五行之間交錯稱王，木火土金水，相生相剋，火克金，火可銷融金；金克木，金伐木反而欣欣向榮。

兔髓金承接烏肝木的結果，反而欣欣向榮得到陽生結果。

三五與一，天地至精，可以口訣，難以書傳。

本書前面提到，《禮記正義》卷十四鄭玄注《易‧系辭》云：「天一生水於北，地二生火於南，天三生木於東，地四生金於西，天五生土於中。」子為陰，北方，為水的代名詞；午為陽，南方，為火的代名詞。所以子是天一，數字一，午是地二，數字二，子午數加起來是三。天五生於土中，戊己就是土。

筆者所著《悟真篇；無為丹道二》：「河圖的下方是北方，數字是一，代表水；上方是南方，數字是二，代表火；左邊是東方，數字是三，代表木；右邊是西方，數字是四，代表金；中間是五，代表土。東方數字是三，南方數字是二，加起來是五；北方數字是一，西方數字是四，加起來也是五；加上戊己就是土，也是五。所以共有三個五，這三個五最後產生嬰兒，這個嬰兒就是來自於三家相見所產生的大藥，太一真氣，三個五產生太一。」

	一， 水，北	
四， 金，西	五， 土	三， 木，東
	二， 火，南	

　　三五就是三個五，也就是五行俱全的意思，五行俱全，三家相見就能產嬰兒這個一，一就是太一。

　　在丹道修煉當中，五行俱全，三家相見結嬰兒，是可以口訣，口訣的意思是要師生對話，難以書傳，難以靠自修而得。問題是出在這個師，初學者無法分辨何為真師，何為假師，因此造成假師橫行，搬運法扭曲丹道真義，姑且不論這個部分，筆者自己在網路教學的時候，即使是師生對話，也沒那麼容易教得清楚，學習者自己心理問題太過嚴重，意土不清淨，再怎麼教，也是沒辦法的。五行俱全當中的其中一個五，戊己，特別是己土，也就是陰土，非常講究天分，如果天性思維邏輯不清晰，容易被各種怪力亂神洗腦，無法向內覺照，也就是對於自己內在的慾念毫

無覺知，這樣的情況，幾乎是無藥可救，老師再怎麼教，也是學不進去的。

　　子當右轉，午乃東旋，卯酉界隔，主客二名。

　　子右轉之後，就變成酉，代表西方金；午東旋之後，就變成卯，代表東方木。「卯酉界隔」，就是金木界隔，因為木來自於水，故為客，金來自於神火，故為主，心神為主，故金為主。

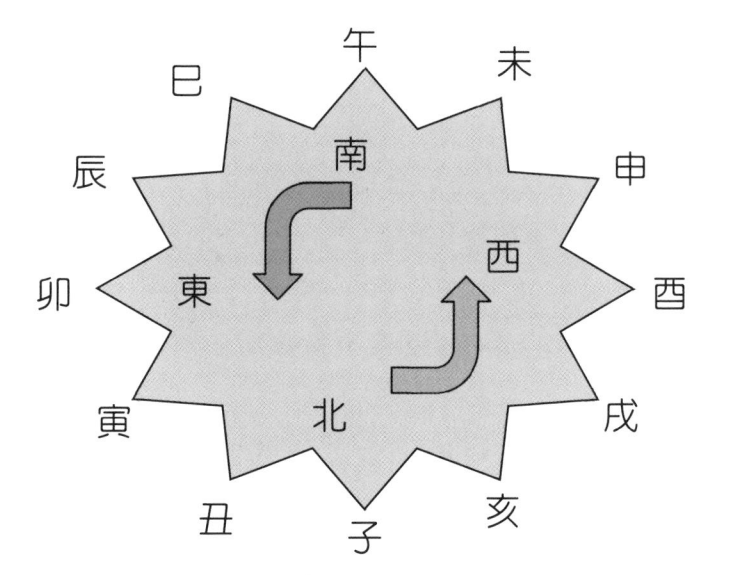

龍呼於虎，虎吸於精，兩相飲食，具相貪便，
遂相銜咽，咀嚼相吞。

龍是東方木，虎是西方金，東方烏肝木為陽，陽
煉出來的傳給陰，也就是虎，故稱「龍呼於虎」，龍
呼出來的精氣傳給虎。而虎則吸食來自於龍的精氣，
也就是西方兔髓金吸收來自於東方烏肝木的陽，兩相
飲食，龍提供精氣給虎食用。

「具相貪便」，懷疑是傳鈔錯誤，有些版本自行
修改文字為「俱使合併」或「俱相貪併」，大多數的
版本認為這是「俱相貪戀」之意，筆者也認同此看
法，彼此互相吸引之意。

「遂相銜咽，咀嚼相吞」，銜，以嘴叼物。咽，
吞咽。烏肝木提供陽給兔髓金化為陰，故龍以嘴叼物
給虎，虎則吞下龍提供的陽。

熒惑守心，太白經天，殺氣所臨，何有不傾。

「熒惑」是火星，大部分的版本為「熒惑守
西」，應是傳鈔錯誤，應為「熒惑守心」，是一種少
見的天象。維基百科：「是指火星在心宿內發生
『留』的現象。是古代中國被認為大凶的天象。……

中國古代星占家認為火星在位置及亮度上都常變不定，謂之『熒惑』，象徵殘、疾、喪、飢、兵等惡象。而心宿內的心宿一、心宿二和心宿三因與紫微垣中的北極五星構造相似，被認為分別對應太子、帝和庶子。因此熒惑在心宿中由運行方向的變易常常被認為是『大人易政，主去其宮』的徵兆。」

「太白」是金星，有的版本寫「太平」，疑為傳鈔錯誤。維基百科描述金星：「在繞行太陽的軌道上每584天超越地球一次，當它超越地球時，它會從日落後可見的昏星長庚星）變成日出之前可見的晨星啟明星）。」百度百科描述金星：「清晨在東方天空出現則被稱為啟明星，晚間在西方天空出現被稱為長庚星或昏星。」因此太白金星大部分能被觀測的時間是清晨或者黃昏，很少能夠經過白晝天空而被觀測到，所以太白經天是少見的天象。《漢書‧天文志》：「太白經天，天下革，民更王，是為亂紀，人民流亡。晝見與日爭明，彊國弱，小國彊，女主昌。」

對於少見的天象，古人總認為是大凶的徵兆，可能要戰爭準備改朝換代了，所以《參同契》說是「殺氣所臨，何有不傾」。

狸犬守鼠，鳥雀畏鸇，各有其功，何敢有聲。

狸犬抓老鼠，鳥雀怕猛禽，各有其大自然的功能，哪裡敢有甚麼聲音呢？

　　不得其理，難以妄言。竭殫家產，妻子饑貧，自古及今，好者億人，汔不諧遇，希有能成。廣求名藥，與道乖殊。

　　煉丹道也是大自然的現象之一，如果沒有搞清楚煉丹道的道理，就難以妄言，即使竭盡家產去追尋丹道，導致老婆小孩又餓又窮，自古至今，喜好丹道者好幾億人，如果沒有好的機遇，終究少有所成，即使廣求名藥，也是背道而馳。

如審遭逢章第二十五

如審遭逢，睹其端緒。以類相況，揆物終始。

　　如同審視身邊的遭遇到的事情，觀察其開端和過程細節。丹道的修煉也是同樣的狀況，要去審視觀察丹道修煉事物的終始一切過程。這段的重點在於「審」、「睹」、「揆」，丹道修煉重點不是追逐甚麼密法，而是過程的觀察，只要是追逐密法，無一不是旁門左道。

　　這段的重點在於過程的觀察，但是有不少版本的註解卻解釋成遇到明師，各位讀者要小心，有許多搬運法煉習者在註解《參同契》過程，百般用各種搬運法的概念在扭曲《參同契》，這也是筆者為什麼在那麼多《參同契》註解當中，還要另外寫一本註解，希望能還給《參同契》原來的風貌。

五行相克，更爲父母。

　　除了過程的觀察之外，五行相剋更是丹道的父

母，木剋土，土剋水，水剋火，火剋金，金剋木。也就是前面提到的「火性銷金，金伐木榮」，神火轉化為兔髓金，兔髓金把烏肝木的陽接收過來化陰。

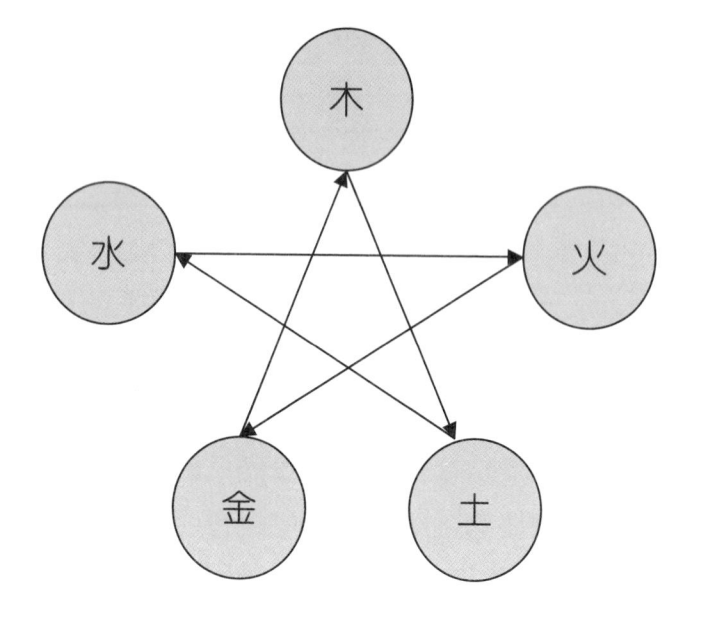

母含滋液，父主秉與，凝精流形，金石不朽。

母為陰，含滋液，白液就是兔髓金煉到快要成熟的時候，會出現白色兔髓如圓月之光，並且在陰極生陽之際，會產生陽生這個子。如同前面所說的「慈母養育，孝子報恩，嚴父施令，教敕子孫。」父親就是

陽，主要負責「秉與」，提供給予陽。陽提供給予，陰接收化解，產生陽生孝子。

這個父秉母受的過程，就能凝結精華，產生形體，這個形體就是從陽生二階段開始出現的曼陀羅內景，這個形體跟金石一樣永恆不朽，一旦演化啟動，就會持續進行。

審專不洩，得爲成道。

前面提到的「如審遭逢，睹其端緒。以類相況，揆物終始。」修煉丹道的重點在於觀察過程，也就是覺察的功夫，這個覺察的功夫如果能夠專心致志，不洩是指神火不外洩，神火整日都能專注於丹道修煉的過程，不會分心到其他事情，長久這樣，就能成道。以筆者的觀察，能這樣做的人太少了，大多數的人持續力都很差，遇到事情很快就放棄了，一下子要談戀愛，一下子要結婚，一下子要生小孩，一下子又要怎樣，反正藉口無限多，結果只有一個，就是不了了之。

立竿見影，呼谷傳響。

如果神火能夠不外洩，專心致志，煉丹道的效果，就像是「立竿見影，呼谷傳響」一樣，竿子立起來馬上就能看到影子，在山谷中呼喊馬上就能聽到回音，立刻就會有成效。

所以從這段我們就更可以確定，「如審遭逢」不是甚麼遇到明師，而是懂得神火不外洩的覺察功夫。

豈不靈哉！天地至象。

這麼明顯的效果，煉對了馬上就能產生「天地至象」，這裡講的應該就是陽生第二階段的內景，陽生第二階段的內景，以筆者的教學經驗，能煉出來的學習者無不感到驚嘆，訝異於大自然的造化，竟能如此，「豈不靈哉」。

若以野葛一寸，巴豆一兩，入喉輒僵，不得俯仰。

如果以野葛一寸，巴豆一兩，一吃進去，馬上就全身僵硬，沒辦法動了。

當此之時，周文撰著，孔子占象，扁鵲操鍼，

巫咸扣鼓，安能令蘇，復起馳走？

在這個時候，就算是周文王用蓍草卜卦，孔子來占卜卦象，扁鵲來操針，巫咸來打鼓，又怎能令他復甦起來跑呢？

這裡提到毒藥一吃見效，跟煉丹道一樣，煉丹道只要「審專不洩」就能「立竿見影」，產生「天地至象」。

姹女黃芽章第二十六

　　河上姹女，靈而最神，得火則飛，不見埃塵，鬼隱龍匿，莫知所存。

　　「姹女」代表真汞，也就是兔髓金，「靈而最神」，因為兔髓金是陰，陰極生陽，可以孕育陽生。「得火則飛」，兔髓金的來源是神火。「不見埃塵，鬼隱龍匿，莫知所存。」兔髓金的狀態是意識下沉，類似深眠恍惚狀態的深度入定態，所以說不見塵埃，甚麼鬼啊龍啊在這裡都隱匿了，龍代表烏肝木，烏肝木的陽到了兔髓金的陰的時候，陽氣都不見了，都深潛入陰了，所以莫知所存，不知道到哪裡去了。明明在水火階段的時候氣感很強，轉到烏肝木的時候極光流轉，結果到了兔髓陰的深定狀態，啥都沒有了。

　　將欲制之，黃芽為根。

　　如果要煉制兔髓金，就要以黃芽為根基，黃芽在這裡的定義是「黃芽鉛」，也就是真鉛烏肝木，真鉛

煉出來之後，只要清淨意土，就能自然轉化成兔髓
金，也就是真汞，真鉛真汞陰陽交替，自然就能煉成
金丹。

物無陰陽，違天背元，牝雞自卵，其雛不全。

有的版本為「物為陰陽」，有的版本是「物無陰
陽」，本書採「物無陰陽」較為合理，因為後面接的
是「違天背元」。不管是修煉之物，或者大自然之
物，沒有陰陽就是違反天道悖逆本源，就像母雞自己
產卵，雖然有雞蛋，但是卻無法孕育小雞。

丹道也是一樣，煉陰不煉陽，煉陽不煉陰，都是
違逆大自然，最常見的是只想打坐入定，又或者只想
煉氣功，前者煉陰不煉陽，後者煉陽不煉陰，都是違
逆天道的修煉法，注定終究一無所成。

夫何故乎？配合未連，三五不交，剛柔離分。

有的版本寫「配合未連」，有的版本寫「配合未
運」，意思都差不多，都是陰陽分隔不相搭配的意
思。「三五」代表五行，「剛柔」代表陰陽。

為什麼會這樣呢？那是陰陽隔離不相搭配，五行

不交，剛柔陰陽離分，都是違反大自然的做法。

施化之道，天地自然，火動炎上，水流潤下，非有師導，使其然也。

有的版本為「施化之精」，筆者採「施化之道」版，較為合理。陽施陰化的道理，是自然發生的，火焰往上升，水流往下濕潤，不是有甚麼大師人為去引導，而是自然而然如此。

所以丹道也是一樣，都是自然產生的，並不是人為密法能夠造作產生的，所以這裡很重要的一句「非有師導」，有很多旁門左道喜歡講究人為密法，甚至說甚麼大師發氣灌頂之類的，這些都是非常嚴重的旁門左道，各位讀者務必小心，只要是人為干涉的，密法的，都是假的。只是很遺憾，幾乎現在市面上能找到以丹道之名的，沒有一個不是後天人為造作的。

資始統政，不可復改。

《易經・彖傳》：「大哉乾元，萬物資始，乃統天。」資始來自於《易經》，所以「資始統政」講陰陽統領一切，不可能以後天人力來更改，即使是丹道

也是一樣的。

觀夫雌雄，交媾之時，剛柔相結，而不可解，
得其節符，非有工巧，以制御之。

觀察雌雄交媾之時，剛柔就是陰陽，就是雌雄，
相結合而不可解開，得知其中的陰陽規律，就知道不
是有甚麼精細的科技工巧來控制的，而是陰陽自然的
節奏。

男生而伏，女偃其軀，秉乎胞胎，受氣之初。
非徒生時，著而見之，及其死也，亦復效之。
此非父母，教令使然。本在交媾，定置始先。

男生而向下伏，女向上仰其身軀，是一開始受氣
之初就這樣了，是秉乎胞胎，從懷胎剛開始就這樣
了。不是說出生的時候可以看到這個明顯的特徵，就
算在死的時候，也是一樣的情況。這不是父母教他這
麼做的，而是當初在交媾之際，就已經先決定好了。

男女相須章第二十七

坎男爲月，離女爲日，日以施德，月以舒光，
月受日化，體不虧傷。

這段要參考《悟真篇》的說法才會比較具體，
《悟真篇》：「日居離位翻（反）爲女，坎配蟾宮卻
是男。不會箇中顛倒意，休將管見事高談。」坎是
水，爲陰，男爲陽，月爲魄爲陰，坎水應爲陰，卻轉
變爲烏肝木爲陽。離是火，爲陽，女爲陰，日爲魂爲
陽，離火應爲陽，卻轉變爲兔髓金爲陰。所以這裡面
是有「顛倒意」，也就是陰陽的轉換。

日就是日魂，代表烏肝木，用以施德，提供來
源。月就是月魄，代表兔髓金，用以舒展來自於日魂
的光，也就是日魂提供光，進入月魄之後，入陰化解
陰，所以說「月受日化」，月魄的陰受到日魂的陽的
化解，而這樣的陰陽交互作用之下，本體沒有虧傷，
反而還能成就金丹。

陽失其契，陰侵其明，晦朔薄蝕，掩冒相傾，

陽消其形，陰凌災生。

「契」，契約，默契。如果陽失去他和陰之間的默契，陰侵害陽的光明，就像是天文當中的三十初一的情況，日月相掩食，日食或月食，日月互相遮掩傾危，陽的形體被消散，陰侵犯陽並造成災禍叢生。

陽和陰的默契就是陰陽交替，陽極生陰，陰極生陽，如果陰陽沒有按照這個默契來交替，就會出問題。在實修裡面這種情況是非常常見的，不是煉陰強調入定，就是煉陽強調氣功，這兩種偏陰偏陽都是壓抑陰陽自然交替的力量，都會造成災難叢生，也因此浪費許多實修者的生命。

男女相須，含吐以滋，雌雄錯雜，以類相求。

男女互相需求，陰陽也互相需求，不可獨立而存，陽吐陰含以滋養子，子在丹道裡面就是陽生，「雌雄錯雜」講的就是前面的「坎男為月，離女為日，日以施德，月以舒光，月受日化，體不虧傷。」陰中有陽，陽中有陰，陽提供陰接收。「以類相求」陰陽為一體兩面，同類才能同氣相求，陰陽互生才能產生陽生。

金化爲水，水性周章，火化爲土，水不得行。

五行木火土金水，金生水，火生土，《參同契》作者嘗試用五行相生來解釋丹道的現象，但是筆者認爲解釋得不太好，呂洞賓的五行顛倒架構還是比較完整的。

「金化爲水」只有一個地方，就是金木結合之後的陽生屬於第一階段陽生，就是水，也就是氣感階段，這時候「水性周章」，「周章」是遍地流動，陽生如果是第一階段陽生，就會產生超乎尋常強烈的氣感。

「火化爲土」在這裡的火，其實還是金，內涵火的金在進入土的狀態，也就是完全的清淨意土，也就是佛法裡面講的「捨念清淨」狀態，穩固的入定態，在這個狀態底下，不管是水還是木，都是無法運行的，不管是氣感還是光感都是消失無蹤的，所以說「水不得行」。

男動外施，女靜內藏，溢度過節，爲女所拘。

男代表陽，以動爲主，向外施給。女代表陰，以

靜為主，向內收藏。如果陽過度向外溢，就會被陰所拘束。

　　魄以鈐魂，不得淫奢。

　　魄就是陰，用以拘束陽魂，不讓陽魂過度荒淫奢侈。

　　不寒不暑，進退合時，各得其和，俱吐證符。

　　不偏於寒，也不偏於暑，進退符合時機。陰陽各得其和，恰到好處，都能顯露符合陰陽所帶來的證明。

四者混沌章第二十八

丹砂木精，得金乃併，金水合處，木火爲侶。

「丹砂」是神火，「木精」是烏肝木，「金」是兔髓金，木和金最後是要合併在一起的。水和火一開始合之後，產生木和金，木金陰陽交替合，產生陽生。同樣的，《參同契》的五行架構沒有呂洞賓的五行架構清晰，又或者可能錯簡遭到竄改。筆者認為這段應是「金砂木精，得土乃併，金木合處，水火為侶」是比較符合呂洞賓的五行說法的。

四者混沌，列爲龍虎，龍陽數奇，虎陰數偶。

「四者」是金木水火合在一起形成混沌，木列為龍，金列為虎，「龍陽」，奇數，「虎陰」，偶數。

肝青爲父，肺白爲母，腎黑爲子，離赤爲女，

「肝青」就是木，龍，陽，父。「肺白」就是

金，虎，陰，母。「腎黑」，就是水，坎，本為陰，但是轉為肝青龍之後，變成陽，故稱子。「離赤」就是心，火，本為陽，但是轉為肺白之後，變成陰，故稱女。《參同契》這種寫法，很容易叫人混淆，若非呂洞賓詩選寫得很清楚，恐怕後人光在這裡繞來繞去就搞不清楚了。又或者《參同契》原文不見了，只剩下竄改版，也無從考證，也有可能是「腎黑為女，離赤為子」。

不過讀者心中只要知道大架構，就不怕被繞，大架構是水火是剛開始的階段，水火生木，木入陰生金，金木交替，生陽生，簡而言之，水火生金木，金木生金丹，知道這個大原則就不怕混淆。

脾黃為祖，子午為始。三物一家，都歸戊己。

「脾黃」就是土，從頭到尾清淨意土都非常重要，若沒有清淨意土，水火無法相合，金木無法生金丹，所以說脾土是祖，最根本的。「子午」一樣是陰陽的代稱，子為陰，午為陽，煉丹道最重要的是陰陽交替和清淨意土。「三物一家」，脾黃和子午，也就是土和陰陽共三物，「戊己」也是土。這段是講清淨意土的重要性，筆者在教學過程中，陰陽部分是比較

好教的，比較困難的是清淨意土，非常強調天分，如果天性習慣外求，無法轉向內，沒有覺觀能力，幾乎清淨意土是沒辦法煉的，幾乎煉丹道大部分的問題都是卡在清淨意土。

卯酉刑德章第二十九

剛柔迭興，更歷分部。

「剛柔」就是陰陽，「迭興」是輪流興起，陰陽輪流興起，陰陽交替依著六十四卦象或者十二時辰交替輪流運行，也就是陽逐漸興起，到了極點，轉換成陰，陰逐漸興起，到了極點，又轉換回陽，這樣的陰陽交替。這個陰陽在交替的過程，並非斬釘截鐵的二分法，而是逐漸交替，例如陽剛開始興起的時候，陽中有陰，隨著陽的逐漸興起，陰就越來越弱，當陽達到鼎盛，陰就沒有了，然後陽又逐漸衰微，陰又逐漸產生，所以這種交替是陰陽錯雜，並非絕對的二元對立，故稱為「分部」，代表陰陽一部分一部分地慢慢轉換。

龍西虎東，建緯卯酉，

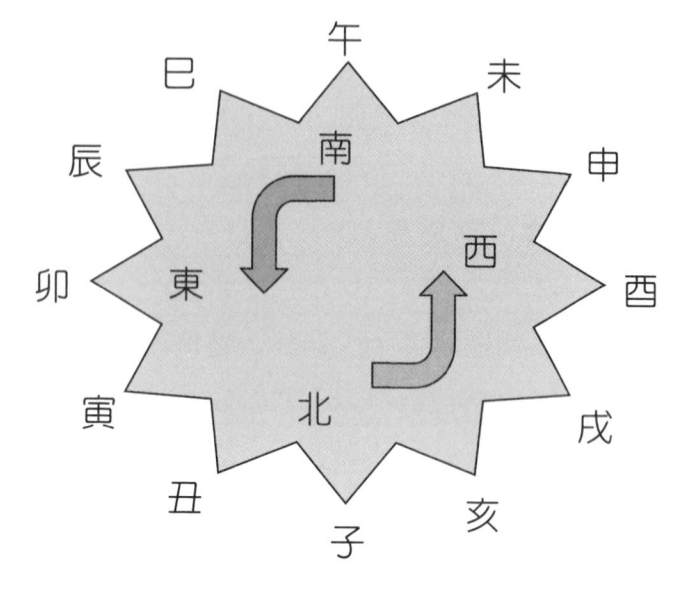

　　龍是烏肝木本是東，這裡卻講西，並不是龍是西，而是龍「往」西，虎「往」東，是一種動態的變化。「緯」是橫線，「建緯」代表建立橫線，橫線的左右兩端就是東西。「卯酉」，卯為東，酉為西，卯為日出，酉為日落。從卯到酉，從東到西，從陽到陰。反之，從酉到卯，從西到東，從陰到陽。龍從東方升起陽，往西方落下；虎從西方入陰，往東方陰滅生陽，講的是一個動態的陰陽交替變化。

　　刑德並會，相見懽喜，刑主伏殺，德主生起。

「刑」為陰，「德」為陽，「懽」同歡，陰陽相會，相見歡喜。刑為陰，主伏殺，不是真的是殺誰，而是下殺的意思，德為陽，主生起。

二月榆落，魁臨於卯，八月麥生，天罡據酉。

《本草集解》：「大榆二月生莢，榔榆八月生莢。」

二月榆樹的果莢開始落下。

《淮南子‧天文訓》：「帝張四維，運之以斗，月徙一辰，複反其所。正月指寅，十二月指丑，一歲而匝，終而複始。指寅，則萬物螾螾也，律受太蔟。太蔟者，蔟而未出也。指卯，卯則茂茂然，律受夾鍾。夾鍾者，種始莢也。」

這時北斗七星的斗魁指卯。根據《淮南子‧天文訓》，斗魁十二月指丑，正月指寅，二月指卯，故稱「魁臨於卯」。此時二月的音律則為夾鍾，夾鍾名稱的來源就是二月榆樹落果莢。

《史記‧天官書》記載：「分陰陽，建四時，均五行，移節度，定諸紀，皆繫於斗。」《參同契》把北斗七星也列進陰陽現象的重點，《史記》也是如

此，可見得漢代皆有此思想。

小麥八月採收，天罡也是北斗星，占據著酉的方位。

子南午北，互為綱紀。

子本在北，午本在南，現在卻剛好相反，變成「子南午北」，意思跟「龍西虎東，建緯卯酉」相同，講的都是動態的陰陽交替，所以後面說「互為綱紀」。

一九之數，終而復始。

一為始，九為終，終而復始，循環不休。

含元虛危，播精於子。

「虛危」是北方玄武的星宿，虛宿和危宿，這裡用來代表北方，而北方則代表陰，所以這裡的意思是陰到了極點的時候，包含元，這裡的元，跟前面提到的「道窮則返，歸乎坤元。」意思是相同的。「播精於子」，意思也相同，子為陰到了極點，午為陽到了

極點，到了陰極的時候，播下元精，這元精就是產生陽生的力量。

君子好逑章第三十

關關雎鳩，在河之洲，窈窕淑女，君子好逑。

這是《詩經》的內容，講的是在河邊男女談情，《參同契》作者喜歡引用當時各家各派的主流思想，來印證陰陽的重要性，這裡連《詩經》也引用了。

雄不獨處，雌不孤居。

「獨處」和「孤居」意思相同，雄代表陽，雌代表陰，說的都是陰陽不可單獨存在。

玄武龜蛇，蟠虬相扶，以明牝牡，意當相須。

玄武是上古四神獸之北方神獸，龜蛇相依，筆者認為這是因為北方星宿的玄武為龜形，而蛇則是玄武「玄」字的來源，應是眼鏡蛇背後的8字所演化而來的。筆者參考大陸學者劉光保所著之《發現夏朝》，認為夏朝為古埃及的可能性非常大，而古埃及北方眼

丹道探源：參同契入藥鏡與無為之道

| 224

鏡蛇多，因此眼鏡蛇為古之四大神獸的機會非常高。所以北方神獸才會龜蛇相依，因為一則來源為星宿，一則來源為猛獸。四大神獸，北玄武，南朱雀，東青龍，西白虎，這四大神獸筆者只在此稍微提到，筆者認為夏朝即為古埃及，而且經過專家研究虎字的古象形文，古代的虎應為古埃及獅，只是到了東方，沒有獅這個動物，故稱類似的亞洲大型貓科動物為虎，而且白獅子比起白虎更常見，白獅子並非如同白虎是基因突變，獅子本身就有多種顏色，從白色到淺棕色，到深棕色，都是常見的過度顏色，因此白獅，也就是白虎在古代可能是常見的非洲猛獸，但是因為上世紀歐洲人大肆捕獵，才造成今日白獅子的滅絕。同樣的，筆者認為青龍應為古埃及鱷魚，也是因為到了東方之後，沒有鱷魚，故久而久之，龍的形象漸漸變形，雖然約略有鱷魚的外型，但是更像是身長的蛇了。同樣朱雀也是，筆者認為朱雀應該是古埃及時代的老鷹。因此四大神獸為，北玄武為眼鏡蛇，南朱雀為老鷹，東青龍為鱷魚，西白虎為獅子，都是非洲猛獸。

　　《參同契》這裡所提「玄武龜蛇，蟠虯相扶」，龜和蛇兩者相互盤曲，用以表示雌雄，牝為雌，牡為雄，表示即使是上古四神獸當中的玄武，也要雌雄相

依，意思也是陰陽互相需要。

筆者認為《參同契》作者扯這個有點牽強了，不管是龜或是蛇，都有公有母，不是說龜就代表母，蛇就代表公，或者龜代表公，蛇代表母。

假使二女共室，顏色甚姝，蘇秦通言，張儀合媒，發辯利舌，奮舒美辭，推心調諧，合為夫妻，弊髮腐齒，終不相知。

假使讓兩個女的共處一室，兩個都很漂亮，叫蘇秦去傳話，叫張儀去當媒人，這兩個人是戰國著名的縱橫家，兩個人都很會講話，說盡讚美的好話，盡心盡力的去協調兩人，讓這兩個女的合為夫妻，即使頭髮白了牙齒爛了，這兩個女的也不能相知相愛。

若藥物非種，名類不同，分刻參差，失其綱紀，

如果藥物不同種，名稱類別不同，只要有一點點差異，就失其綱紀，沒辦法運作了。像上一段講的，陰陽不可獨存，只有陰沒有陽，就無法發揮作用。

雖黃帝臨爐，太一執火，八公擣煉，淮南調合，

隨著馬王堆出土的古代文件，出現《黃帝四經》，證明在漢朝當時，確實有「黃老之術」的存在，並非只有老子《道德經》一家而已，還有黃帝思想的存在。太一是《楚辭・九歌》當中提到的最至高無上的神，也是最初始的神。八公是《淮南子》的八位作者，是淮南王劉安邀請的門客，世稱「淮南八公」。淮南指淮南王劉安本人。

若是陰陽沒有辦法發揮作用，即使是黃帝臨爐，太一上帝來執火，淮南八公擣煉藥物，淮南王調合，即使這麼多厲害的仙人來幫忙，也是沒辦法成就金丹的。

立宇崇壇，玉爲階陛，麟脯鳳腊，把籍長跪，禱祝神祇，請哀諸鬼，沐浴齋戒，冀有所望，亦猶和膠補釜，以碯塗瘡，去冷加冰，除熱用湯，飛龜舞蛇，愈見乖張。

建立崇高的廟宇和祭壇，用玉石作為台階，用麒麟和鳳凰的肉乾祭祀，手拿著祭祀的書籍長跪，向神

祇祝禱，向鬼魂請求哀告，沐浴齋戒，希望神鬼滿足自己的願望，以上這些行為就像是用膠水來補鐵鍋，用碯砂這種礦石塗在瘡口上，怕冷卻又加冰，怕熱又用熱湯，只會搞得飛龜舞蛇，也就是雞飛狗跳的意思，白忙一場，只會更加乖張錯亂。

　　這一段非常明確地提到了祭祀的無用，祭祀在春秋戰國就已經非常流行，在《楚辭‧九歌》就提到當時的祭祀行為，直到今日祭祀依然是所謂的道教最盛行的宗教行為，而《參同契》在這裡卻明白的指出，祭祀與修道無關，反而更加背離乖張而已。

聖賢伏煉章第三十一

> 惟昔聖賢，懷玄抱眞，伏煉九鼎，化跡隱淪，
> 含精養神，通德三光，津液腠理，筋骨緻堅，
> 眾邪辟除，正氣長存，積累長久，變形而仙。

　　昔日的聖賢，懷抱著玄關修真，修煉能孕育九轉
金丹的玄關竅，隱匿足跡低調生活，含精養神，打通
三光，修煉丹道中只有三大種類的光，烏肝木的光，
兔髓金的光，還有玄珠金丹的光，「津液腠理，筋骨
緻堅」，身體越來越細緻堅硬，去除各種邪氣，正氣
長存，積累長久，變形而成仙。

　　成仙不是因為身體變形，而是因為金丹成形，從
玄珠的光，變形成金丹的光，才能稱為仙。

> 憂憫後生，好道之倫，隨傍風采，指畫古文，
> 著爲圖集，開示後昆，露見枝條，隱藏本根，
> 託號諸名，覆謬眾文，學者得之，韞櫝終身。

　　古人擔憂悲憫後輩好道者找不到修道之路，想讓

後輩可以依循前人的風采，因此指點描繪古文，並且編著成圖集，開示後人，露出枝條細節，但是隱藏根本的部分，使用各種名詞，並引用各家文章，讓學者得到知識，並將此知識終身收藏於匣子中。「韞」，收藏。「櫝」，匣子。

　　子繼父業，孫踵祖先，傳世迷惑，竟無見聞，遂使宦者不仕，農夫失耘，商人棄貨，志士家貧。

　　但是兒子繼承父親的事業遺產，孫子跟著祖先，而藏在匣子當中的修道知識，卻沒有傳承下來，導致後代子孫完全不知道怎麼回事，就像是當官的不做官，農夫不耕耘，商人丟棄貨品，有志之士家貧。

　　這段文章講出修道知識在魏伯陽時代就已經失傳，沒甚麼人知道怎麼回事。筆者認為修道知識因為無利可圖，若非真正大智慧者，一般逐利的市井之徒自然不會有興趣，此為失傳之主因。

　　吾甚傷之，定錄此文，字約易思，事省不繁，披列其條，核實可觀，分兩有數，因而相循。

對於這情況我感到很傷心，因此寫出這些文章，文字簡約而容易思考理解，修道之事變得簡化而不繁瑣，披露陳列條文，都是確實可以實踐的，區分斤兩，有實際的數字，可以因此而相循學習。

故為亂辭，孔竅其門，智者審思，用意參焉。

因此寫下此混亂的文辭，讓後人知道修道之門的訣竅所在，智者只要仔細思考，用心參考，就可以得知修道之門路。

這一篇看起來反而比較像是序言，或者是後記的寫法，若《參同契》為魏伯陽一人所寫，到這裡應該就是結尾了。

法象成功章第三十二

法象莫大乎天地兮，玄溝數萬里。

《易經‧繫辭》：「是故，易有太極，是生兩儀，兩儀生四象，四象生八卦，八卦定吉凶，吉凶生大業。是故，法象莫大乎天地，變通莫大乎四時，縣象著明莫大乎日月，崇高莫大乎富貴。」

自然界一切可見的現象沒有比天地更大的了，在天地之中，玄溝（銀河）綿延數萬里。

河鼓臨星紀兮，人民皆驚駭。

《爾雅‧釋天》：「星紀，斗、牽牛也。」郭璞注：「牽牛斗者，日月五星之所終始，故謂之星紀。」

河鼓共三星，其中河鼓二是牽牛星，星紀是「十二次」的開始，十二次是根據歲星每十二年運行一周天的規律將黃道帶均等劃分，歲星是木星，也就是古人根據木星每十二年運行一周天的規律，分為「十二

次」，從冬至日開始算起，此時正在牽牛星，也就是河鼓星。冬至日也是陰達到極限的意思，此時陽將要出現，將有大事發生，所以人民皆驚駭。

晷影妄前卻兮，九年被凶咎。

陰陽修煉過程，如同日晷虛妄的影子之中前進後退，想要九年功成就要頂著災殃凶咎。

皇上覽視之兮，王者退自改。

皇上和王者不同，皇上是最高的天子，王是被皇上分封的諸侯，心為君主之官，皇上代表先天覺照，王者代表後天思慮，一旦先天覺照產生，後天思慮就退卻了。

關鍵有低昂兮，害氣遂奔走。

「關鍵」指關鍵處，也就是陰陽交替之際，有低也有高，各位讀者可以用波浪圖來想像，一個完整的波型，假設先從原點上升，這是陽的狀態，到了陽的極點反轉下降，一直下降到Y軸等於零的地方，繼續下

降進入陰，到了陰的極點之後反轉上升，又回到Y軸等於零的地方。所以說有高有低。

「害氣」我們可以理解為壞氣，在陰陽高高低低的交替之中，壞氣逐漸排出，修練者逐漸進入純陽狀態，到了純陽狀態的時候，高高低低的現象就沒那麼分明，會進入另外一種狀態了。

江淮之枯竭兮，水流注於海。

烏兔小藥如同長江淮河的水，因為注入海而枯竭了。在每次的煉功當中，烏兔小藥都會因為入陰而消失，陽生之際就會爆發成為特殊的陽生內景，因此用長江淮河比喻烏兔小藥，用大海比喻入陰。

天地之雌雄兮，徘徊子與午。

天地的陰陽，徘徊在子與午之間，在子與午之間來回交替，子代表陰極，午代表陽極。到了子時，陰達到極點，準備轉陽；到了午時，陽達到極點，準備轉陰。

寅申陰陽祖兮，出入復終始。

卯酉代表東西，卯代表東，酉代表西。卯是早上五點到七點，日出時間，陽氣上升，為東方生發之氣；酉是晚上五點到七點，日落時間，陽氣下降，陰氣上升，為西方肅降之氣。丹道修練中，東方代表烏肝木為陽，西方代表兔髓金為陰，陰陽交替是丹道入道的開始。而寅為卯之前，申為酉之前，故稱寅申為陰陽之祖。陰陽出出入入，不斷地重複開始又結束。

循斗而招搖兮，執衡定元紀。

《史記天官書》：「斗為帝車，運於中央，臨制四鄉。分陰陽，建四時，均五行，移節度，定諸紀，皆繫於斗。」《春秋運斗樞》：「斗第一天樞，第二天璇，第三天璣，第四天權，第五玉衡，第六開陽，第七搖光。第一至第四為魁，第五至第七為杓，合而為斗，居陰布陽，故稱北斗。」

「斗」是北斗七星，「招搖」則有兩種說法，第一種認為是搖光的輔星，在開陽和搖光連線之外的兩顆比較暗的星。

第二種說法認為招搖星就是搖光。

中國文化遺產研究院胡平生：「《蒼頡》46『招

搖奮光』，整理者已指出『招搖』為星名，並引《楚辭》王逸注云：『招搖，北斗杓星也。』或指『北斗第七星』。甚是。遺憾的是，整理者未注意到《開元占經》『招搖奮光』連讀之文。按，《英國國家圖書館藏斯坦因所獲未刊漢文簡牘》『招搖奮光』數見，如2683、3509『招搖奮光』（又，《補遺》1827），『招搖』二字皆從木；3070『口搖奮光』闕『招』字，『搖』亦從木旁。我們曾2683下加注云：《開元占經》卷六十五《招搖占四》：《荊州占》曰：『招搖奮光明動天子強。』（中國書店，1989年，頁452。）『奮光』，即『發光』。『招搖奮光』就是北斗七星中的招搖星發出閃閃亮光，此為天子強盛之象。《易・豫卦・象傳》：『雷出地奮。』焦循章句：『奮，發也。』《史記・樂書》：『奮至德之光。』集解引孫炎曰：『奮，發也。』此條整理者已引。）《禮記・曲禮上》『招搖在上』孔疏引《春秋運斗樞》云：『北斗七星，……第七搖光』，『案，此搖光則招搖也』。今頗疑『搖光』或為『招搖奮光』語義之縮略。」

《禮・曲禮》：「招搖在上。」

《疏・春秋運斗樞云》：「北斗七星第七搖光，則招搖也。」

筆者認為第二種說法的憑據比較明確，因此採用第二種說法，而依照《參同契》的語意，應為第二種說法為佳。

　　若要依循北斗七星來指引方向，就要靠勺柄末端的招搖星。若要定元紀就要以手執握之處的玉衡星。

　　升熬於甑山兮，炎火張設下。

　　「甑」是古代的炊具，類似蒸籠，底下還有一個放水加熱的炊具，最下面才是灶火，所以總共有三層。火在水下加熱，往上蒸熬甑內的食物，用以比擬丹道之中，水火先行相交之後，煉成烏肝木的情況。

　　白虎導唱前兮，蒼液和於後。

　　金木陰陽交替，應是木先行，金後隨，但是這裡講的是金先行，木後隨，所以這裡講的並非是金木陰陽交替的階段，而是金之後的陽生階段，並且是第一階段的陽生，因此是木後隨，「蒼」代表蒼龍，為木，「液」代表如北極光一樣流動的烏肝光。

　　朱雀翱翔戲兮，飛揚色五彩；

遭遇羅網施兮，壓之不得舉；

嗷嗷聲甚悲兮，嬰兒之慕母；

顛倒就湯鑊兮，摧折傷毛羽。

　　這段講的是神火，朱雀是南方神獸，也是神火的代名詞，神火像朱雀一樣翱翔嬉戲，飛揚天空，羽毛有各種顏色，代表神火非常容易流動，多姿多采的事情都能吸引神火。但是像朱雀一樣的神火遇到羅網，被抓了就沒辦法起飛，比喻神火因為遇到水，水火相交之後，鉛能制汞，注意力被抓住了，不再輕易流動。朱雀被抓住了之後，嗷嗷悲鳴，像嬰兒哭著找媽媽一樣，這段講的是注意力剛開始還沒完全被鉛制住的時候，還是有抗拒的，因此常常會分心起雜念。朱雀被抓了之後，被抓去煮湯，羽毛也被拔了，講的是最後水火相交，產生烏肝木，注意力就被牢牢吸住了，不再任意流動。

　　漏刻未過半兮，龍鱗狒鬣起。

　　朱雀被抓去煮了沒一會兒，漏刻都還沒過半，龍鱗就一直出現。這段講的是，注意力被烏肝木牢牢吸住，當然烏肝木出現了，才能吸住注意力，龍鱗代表

烏肝木。

五色象炫耀兮，變化無常主。

烏肝木甚麼顏色都有，所以說「五色象」，「炫耀」講的也是烏肝木的光，如同北極光一樣變化無常。

潚潚鼎沸馳兮，暴湧不休止。

《說文解字‧水部》：「潚，涌出也。」這是形容烏肝木的光像沸騰的液體一樣，不斷地湧出，烏肝木的光移動的方式跟電漿型態一模一樣，有時候像是從中間不斷地湧出。而氣感階段是不會有這種情況的，氣感階段的感受大多是蒸氣升騰的感覺，或者電流感為主，不像烏肝木的光，是以內景的方式呈現，像極了流動的液體，可以說是跟電漿型態、北極光幾乎一模一樣的，所以我們在看《參同契》描述液體類的形容詞，要知道這是在講烏肝木獨特的光流動型態。

接連重疊累兮，犬牙相錯距。

烏肝光出現的時候，像熱水湧出，一層疊著一層，例如冒出藍光之後，藍光往外擴散，然後又冒出第二個藍光，藍光又繼續往外擴散，就這樣不斷地冒出，甚至有時候是兩個顏色的交替。烏肝光有各種型態，這裡講的是比較常見的烏肝光型態，湧泉這類型的。

　　形似仲冬冰兮，闌干吐鐘乳。

　　又像冬天的冰柱吐鐘乳一樣，這裡講的是從底下看上去的冰柱水滴，像是烏肝光在湧出的樣子。

　　崔嵬而雜廁兮，交積相支柱。

　　像崔嵬的高山一樣，層巒疊峰，一層一層的互相交堆疊。這段還是一樣形容烏肝光的型態，冒出來之後，一層蓋過一層。筆者認為，沒有煉出烏肝光的人，即使看到這些形容，也無法理解，甚至會往奇怪的方向聯想，但是煉出烏肝光的人，對於這種一層疊過一層光的湧出型態，卻非常熟悉。

陰陽得其配兮，淡薄而相守。

　　陰陽如果能夠相配，烏肝木和兔髓金都能發展出來，那麼要做的就是淡薄而相守，淡薄是相對於水火階段的轟轟烈烈，金木階段大多處於靜功或是入定態，相守主要是烏肝木的狀態，神火已經完全和水融合，因此注意力會被烏肝木的光吸住，像磁鐵相吸一樣，只要注意力順其自然擺放在烏肝木的光即可順利進入兔髓金的入陰狀態。

　　青龍處房六分，春華震東卯。

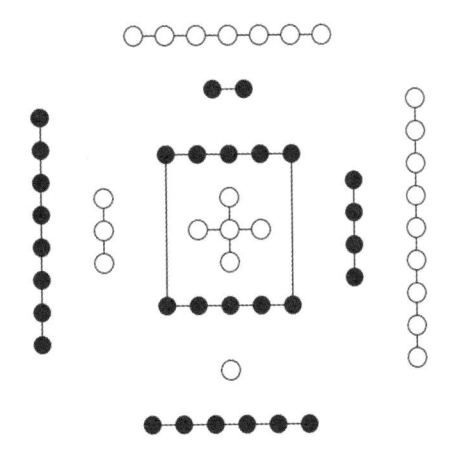

表六：河圖

《禮記正義》卷十四鄭玄注《易・系辭》云：「天一生水於北，地二生火於南，天三生木於東，地四生金於西，天五生土於中。」

　　所以一和六是水，六是水的成數，烏肝木來自於水，「青龍」代表烏肝木，而「房」是房宿，代表東方七宿，也是東方木的代名詞。所以「青龍」、「房」、「六」三個詞都代表東方烏肝木。「春」也是代表東方上升之氣，「華」為光華，烏肝木的光。「震」、「卯」也是代表東方。所以這段是把所有代表東方烏肝木的名詞都放在一起了。

　　白虎在昂七兮，秋芒兌西酉。

　　這句和上一句是相對的，「青龍」對「白虎」，「處」對「在」，代表東方的「房」宿對代表西方的「昂」宿，數字七代表火，而白虎兔髓金來自於火，「秋」代表西，「芒」為光芒，兔髓金的光，代表東方的「震」對代表西方的「兌」，代表東方的「卯」對代表西方的「酉」。

　　朱雀在張二兮，正陽離南午。

「朱雀」代表南方的神獸，「張」宿代表南方七宿，二為火的生數，「正陽」，陽最旺盛之時，代表南方火，「離」卦和「午」時代表南方。這句和上兩句都相對應，列出代表南方的各種名詞。

三者俱來朝兮，家屬為親侶。

這邊講三者是金木火三者，但實際上是五行俱全。這三者都是家屬，彼此都有關係。

本之但二物兮，末而為三五。

本來只有陰陽二物，最後化為三個五，十五，青龍是六，白虎是七，朱雀是二，相加等於十五。

三五并與一兮，都集歸二所。

三乘以五等於十五，金木火跟水相合併，都集歸兩個地方。五行最後還是歸於陰陽。《參同契》關於五行的說法，並未如呂祖詩那般完整，讀者可參閱拙著無為丹道第三集《呂洞賓的詩與道：仙詩與丹道修

行之門》。

先白而後黃分，赤黑達表裏。

按照上面所說的來修煉，「甫」，開始，修練日
數的演化也開始跟上面說的相同。

先白而後黃分，赤黑達表裏。

剛開始先產生白光，後來轉變成黃光。這是烏肝
木的光，一開始還沒有色彩，只有明暗，所以是白
光，等到比較進階，就會產生顏色，這裡講的是黃
光，但不是每個人都是黃光，不同的人有不同的顏
色，每個人每次也會產生不同的顏色，雖然顏色有慣
性，例如某些人經常出現黃光或者紫光，但是這並不
表示這個人不會出現其他顏色的光，光色是會轉變
的。

有的版本寫「赤色通表裡」，筆者認為「赤黑達
表裡」較為合理，因為赤應代表火，黑代表水，意思
是水火通達表裡，不管烏肝木是甚麼顏色的光，都是
因為水火相交，通達表裡所產生的光。

名曰第一鼎兮，食如大黍米。

產生光之後，鼎也跟著產生，「鼎」就是玄關竅，當烏肝木的光產生的時候，就代表著鼎也產生，築基也完成了。產生一顆好像大黍米的光。烏肝光像北極光一樣，但是快要開心竅進階的節骨眼，會產生一顆小光點在中央。另外，烏肝光的初期，也很容易產生一大堆小光點。

自然之所爲兮，非有邪僞道。

這些光的現象是自然所為，並非有甚麼邪惡的僞道造成的。

若山澤氣相蒸兮，興雲而爲雨，

山澤之氣互相作用蒸發而形成雲，並產生雨，上面說的煉丹現象，就跟山澤雲雨一樣，是自然現象。

泥竭遂成塵兮，火滅化爲土。

泥土枯竭而成為塵土，火熄滅化為土，煉丹跟這

些現象一樣，都是自然現象。

若蘗染爲黃兮，似藍成綠組。

就像黃蘗木可以當染料染成黃色，加入藍色就可以組合成綠色。

皮革煮成膠兮，麴蘗化爲酒。

皮革可以煮成膠，麴蘗可以把米化爲酒。

同類易施工兮，非種難爲巧。

必須要同類才能發揮作用，若非同種，再怎麼技術高超，也是難以做到。

丹道也是一樣，小藥的烏兔之光，才能煉出金丹。

惟斯之妙術兮，審諦不誑語。

只有這種奧妙的自然之術，才能練成金丹，審慎地說出真諦而不打誑語，所說的都是真的。

傳於億世後兮，昭然自可考。

這些都寫在這裡，傳於後世，昭然清楚而且經得起考證。

煥若星經漢兮，昺如水宗海。

「漢」，銀河。「煥」，光彩鮮明。「昺」，明亮。丹道修練的過程，光彩煥發如同星星經過銀河，明亮如源自於大海水。丹道修練從入道開始，都是光的世界。

思之務令熟兮，反覆視上下。

要仔細思考內容至純熟，反覆來回閱讀。

千周燦彬彬兮，萬遍將可睹。

看過千遍之後，燦然明瞭，萬遍將可目睹真相。
筆者認為如果沒煉，看幾遍都是一樣的，還是會誤解。

神明或告人兮，心靈乍自悟。

《參同契》從頭到尾沒有講到人格型態的神，但是這裡卻講到神明，有兩種可能，一種是這句話非《參同契》原作者所寫，一種可能是這裡的神明非人格型態的神，而是神火的神，神智的神。煉到神火清明到一個程度，或許可以有來自心靈深處的靈感告訴自己。

探端索其緒兮，必得其門户，

探索其開端頭緒，必定會得到入門的方式。

天道無適莫兮，常傳於賢者。

《論語・里仁》：「君子之於天下也，無適也，無莫也，義之與比。」「適莫」指對於人事沒有偏頗及厚薄之分。天道無偏私，但是常傳與賢者。

因為賢者心靈光明正大，能了解自然的奧義，不會因私慾而落入旁門左道。

鼎器妙用章第三十三

　　由於《鼎器妙用章》的內容多處和《參同契》本文相牴觸，卻多處和《參同契》當中所提到的旁門左道搬運法極為類似，筆者認為《鼎器妙用章》一文疑為後人託名偽作，因此拿掉此章，避免造成讀者混淆，畢竟筆者的原意是要給讀者一個丹經的原始風貌，而非學術註解。

補塞遺脫章第三十四

　　《參同契》者，敷陳梗概，不能純一，泛濫而說，纖微未備，闕略仿佛。

　　《參同契》這本書，只能說一個大概，不能很純粹地一一說仔細，只能廣泛浮濫地說一下，沒辦法把所有的細微之處都全部說完，彷彿是缺漏不完備的知識。

　　這一點筆者同意，因為《參同契》主要是用各種學問闡述陰陽，但是對於實修內容並沒有深入，只有在部分內容，令人驚奇地加入幾句非常高深的功態，關於這一點，筆者認為是《參同契》作者魏伯陽握有《上古龍虎經》，但是魏本身程度有限，僅對陰陽有深刻認知，但是對於更高深的第三階段陽生虛空境界是練不到的，因此才會產生此等嚴重落差現象。

　　今更撰錄，補塞遺脫，潤色幽深，鉤援相逮，旨意等齊，所趨不悖，故復作此，命三相類，則大易之情性盡矣。

如今更撰寫此錄，補充遺漏之處，將幽深之處潤色，讓各處文意能夠相連貫，旨意不相悖，故復作此文，命名為三相類，則《易經》之精神盡數表達。

　　大易性情，各如其度。黃老用究，較而可御。爐火之事，真有所據。三道由一，俱出徑路。

　　《易經》的精神正如同其各卦所說，研究黃帝和老子之說，明顯可用以統御，修練丹道爐火之事，真有所依據。《易經》、黃老、爐火丹道，這三道都是同一條路徑。

　　枝莖華葉，果實垂布，正在根株，不失其素。誠心所言，審而不誤。

　　植物的根莖花葉，下垂的果實等等，雖然很多，但是其真正的源頭是在唯一的根，就和上面提到的大易、黃老、爐火等三道雖面貌不同，但根源為一。這是誠心所說的，請仔細審查莫失誤。

　　象彼仲冬節，竹木皆摧傷。佐陽詰賈旅，人君

深自藏。

就像是冬天三個月當中的第二個月，到了這個時候，竹木都被寒冬摧傷。為了保護陽氣，禁止一切商旅行為，人們都深深地藏在家裡不出門。

修練到了極點也是如此，在陽生之前的陰極就如同嚴冬。

象時順節令，閉口不用談。天道其浩廣，太玄無形容，虛寂不可睹，匡廓以消亡。

就像是順應寒冬時節一樣，閉口不用談這如同嚴冬的陰極狀態，天道極其浩廣，玄到了極點難以形容，虛寂不可目睹，任何範圍內的現象都消亡。

可能很多人喜歡談甚麼是入定態，有人愛聽，就有人愛講，事實上這是講不清楚的，因為意識在這個階段已經完全下沉，意識暫時停止作用，除非親自經歷，否則是說不清楚的。

謬誤失事緒，言還自敗傷。別序斯四象，以曉後生盲。

如果一直想要說清楚這個狀態，就是一種謬誤，容易失去事情的頭緒，喪失本質，說得越多，傷害越大。因此另外寫序言來說這四象，以便讓盲目的後生知曉陰陽的本質。

　　這段的重點在講修練者應該要知道的是陰陽轉化的本質，也就是四象的變化，東西南北，金木水火，而不是想要去搞清楚陰的狀態是甚麼。這個論點很有意思，即使在現代仍然可以看到許多人喜歡去談論入定狀態是怎麼回事，單獨追求入定狀態，事實上除非親自經歷整個陰陽流程，否則是不可能單獨去追求陰的狀態，也就是入定態的。

　　道就隱藏在陰極生陽之前，如同嚴冬狀態，直到陽生道顯，如同春天百花盛開，但是嚴冬狀態是難以言喻的，也不宜以追求此嚴冬狀態為標的，應該是以四象為標的，歷經東西南北，金木水火四象的變化，才能達到真正的道。

自敘啟後章第三十五

會稽鄙夫，幽谷朽生，挾懷朴素，不樂權榮，棲遲僻陋，忽略利名，執守恬淡，希時安寧，晏然閒居，乃撰斯文。

住在會稽的一個粗鄙之人，深山幽谷當中的老朽，懷抱著樸素的心靈，不樂於追求權力榮華，漂泊於冷僻簡陋之處，忽略名利，執守恬淡，希望時刻保持安寧，於安寧空閒的時候撰寫此文。

歌敘大易，三聖遺言，察其旨趣，一統共論。

歌頌大易中之三聖遺言，觀察其中的意旨趣味之處，從其中找出一統共通的理論。

務在順理，宣耀精神。神化流通，四海和平。

修煉的要務在於順著陰陽的道理，宣揚光耀精神，心神轉化流通，自然東西南北四海和平。

丹道探源：參同契入藥鏡與無為之道

順著陰陽的道理，以煉神為主，所謂的陰陽也是神的浮沉，水火轉金木，也是神的轉化，從木轉金，陽神轉陰神，都是神的轉化，只要神轉化順利流暢，四海就是東西南北四象，代表水火金木，也就是整個修練過程就會平和順利。

表以為歷，萬世可循。序以御政，行之不繁，

「表」在這裡的意思是模範榜樣，以天文曆法為榜樣，陰陽交替漸進的型態，萬世都是一樣可以遵循的。「序」在這裡的意思是秩序，遵循的模式，以君主統御政事為遵循模式，暗示儒家的君臣之道，行之而不繁瑣。

引內養性，黃老自然，含德之厚，歸根返元。

「引內」的意思比較接近「引退」，並非是「引導」，有些搬運法註解者平常把氣感導引來導引去，所以一看到「引」就直覺認為是「引導」，後面那一句是「黃老自然」，既然是「黃老自然」，又何來「引導」呢？當然是「引退」向內，才是符合黃老之道。向內引退以養性，這是黃老的自然無為之道。

《道德經》：「含德之厚，比於赤子」德性深厚者，能夠向內養性，歸根返元，如同赤子。

近在我心，不離己身，抱一毋舍，可以長存。

修道不外求，近在我心，不離己身。「一」是上一句的歸根返元，抱著這個根源不放棄，就可以長存。這個根源就是元神，也就是深度覺，修道修的就是這個神，將識神轉化為元神，這個過程就是抱一，也就是神的修練，也就是《黃帝內經》講的「獨立守神」。

配以伏食，雄雌設陳。挺除武都，八石棄捐。審用成物，世俗所珍。

修練主要以神為主，「伏食」就是氣和光，也就是烏兔小藥，「伏食」小藥以產生大藥，烏肝就是雄為陽，兔髓就是雌為陰，「設陳」就是陳設，擺設雄雌，陳列陰陽，只有陰陽交替才能將小藥修練為大藥。

排除武都所盛產的雄黃雌黃這類礦石，也摒棄把各類礦石當成練丹的方法。煉丹用的烏兔小藥不是礦

石，而是內在的光。

這裡的成物，就是「雄雌設陳」，也就是烏兔小藥。要好好使用烏兔小藥，這是世俗所珍視的，特別是烏肝小藥，非常容易出現，百日之內就能出現，因此世俗之人常會誤認為金丹，其實還遠得很。

羅列三條，枝莖相連。同出異名，皆由一門。

《參同契》列出「三條」，大易、黃老、爐火，這三道「枝莖相連，同出異名」，外型不同，名稱不同，根源是相同的，「皆由一門」。

非徒累句，諧偶斯文，殆有其眞，礫硌可觀。

並非是徒然白費功夫的積累句子，也不是為了要讓文章對偶，而是真的有這樣的事情，像玉石一樣可以被觀看。

反覆講「雄雌設陳」陰陽烏兔小藥，並不是白費唇舌，也不是為了文章對偶，而是真有其事，烏兔小藥就像是玉石一樣可以被看到。烏兔小藥就是光，類似北極光，現代人雖然真正看過北極光的也不多，但是透過媒體，幾乎每個人都知道北極光是怎麼回事，

但是古代人沒辦法知道，所以只能用各種方式去形容烏兔小藥的光。

使予敷偽，卻被贅愆。命《參同契》，微覽其端，辭寡意大，後嗣宜尊。

假使我敷衍作偽，那豈不是會招來罪過？此書命名為《參同契》，稍微閱覽就能知道其端倪，言辭雖寡，但意義重大，後代子嗣宜尊重此書。

委時去害，依托丘山。循遊寥廓，與鬼為鄰。

拋棄時代，去除災害，依託於山丘之中，循遊於廣大空洞的玄關竅世界，與鬼為鄰，表示沒有跟人當鄰居，孤獨一人，這裡的「鬼」是呼應「委」，把魏伯陽的姓氏「魏」藏在其中。

拋棄城市的熱鬧，獨自一個人居住在山裡修行。

化形而仙，淪寂無聲。百世而下，遨游人間。

這四句相當白話，不需翻譯，關鍵點在於這是魏伯陽的「伯」字藏在其中，「百世而下」的「百」的

下方是「白」，「人間」取人部首。

敷陳羽翮，東西南傾。湯遭厄際，水旱隔並。

上一句是魏伯陽的「伯」，這句當然就是「陽」了，「湯遭厄際」的「湯」，「湯」遇到「水旱」缺水，就變成了「易」，「水旱隔並」的「隔」，「水旱」去掉水，用「隔」的右邊部首去並攏，就成了「陽」。

至於前面兩句的「敷陳羽翮，東西南傾」，「敷陳」是陳列，「羽翮」是鳥類羽毛的中軸沒於皮膚的部分，代表雙翅，展開雙翅飛翔的意思，「東西南傾」，只有東西南少了北，北方代表水，少了水，也為下一句的「水旱」鋪陳，意思重複出現。

柯葉萎黃，失其華榮。吉人相乘負，安穩可長生。

以上這三段話暗藏「魏伯陽」三字，是元朝俞琰的看法：「十六句，乃是檃括魏伯陽三字。各相乘負者，如委鬼相乘負為魏，人白相乘負為伯，阝易相乘負為陽是也。一本鬼作仙，阨作厄；各相乘負，安穩

長生，作吉人相乘，安隱長生。又一本作吉人相乘負，安穩可長生。皆非是。又一本東西南傾作東西南北；水旱隔并作水旱兵革。」，筆者覺得挺有創見的，就採用此種說法。

而清朝朱元育則認為：「柯葉萎黃，失其華榮。吉人乘負，安穩長生。四句合成『造』字。」卻沒有解釋為什麼，筆者猜測「吉」和「失」合成「告」，至於為什麼「告」變成「造」，就不得而知了，猜測可能是把「人」字部首，當成「辶」字部首了。

「柯葉萎黃，失其華榮。」柯樹的葉子枯萎發黃，失去其榮華，柯樹是常綠喬木，大樹，呼應前面提到的「水旱」，缺水，然後遇到「吉人」相助，因此才安穩長生。意義上有點牽強，但是如果是為了藏頭詩，把自己的名字藏在裡面，才硬掰出來，也是有可能的。

下卷

入藥鏡

《道德經》雖然是最多人讀的道經，但是卻不是丹經，而真正把丹經寫得最清楚的第一個人是崔希範的《入藥鏡》，魏伯陽雖然比崔希範還早，是東漢人，但是魏伯陽留下來的資料，其實是從唐朝末年五代初期才出現，而且魏伯陽的《參同契》寫得也沒有崔希範深刻，因此，丹經第一人，崔希範當之無愧。

　　很可惜的是，歷史上對於崔希範記載不多，僅有《入藥鏡》一篇，可以說是呂祖詩最重要的來源，呂祖詩當中的核心概念，幾乎都是以《入藥鏡》為基礎的，「因看崔公入藥鏡，令人心地轉分明」，所以看完拙著《呂洞賓的詩與道》之後，看崔公《入藥鏡》就能夠一路上溯，可了解呂祖詩的根源。

　　先天炁，後天氣，得之者，常似醉。

　　這句話開宗明義已經講清楚了，練丹道的特徵就是「常似醉」，經常好像喝醉酒一樣，這樣才是煉丹道的常態，可不是坐得挺挺的，或者站在那裏比手畫腳，甚麼採氣，甚麼灌氣，甚麼特異功能，都不是，特徵就是常似醉，也就是《道德經》講的恍惚：「道之為物，惟恍惟惚。惚兮恍兮，其中有象；恍兮惚

兮，其中有物。」至於恍惚時甚麼姿勢，根本不是重點。《道德經》說得這麼清楚，道就是恍惚，可是現代我們看到有許多解釋道的專家，有誰真的按照老子的定義去講？真的能講清楚道就是恍惚呢？

重點就在於陰陽，道的產生在陽極生陰，陰極生陽的這個陽，這個陰極之後所產生的陽，稱為陽生，就是道之所在，特徵就是前面有陰，這個陰是甚麼？《道德經》說得這麼白，就是恍惚。崔公《入藥鏡》說得這麼白，就是「常似醉」。呂洞賓純陽祖師也說得這麼白，就是「一得真經如酒醉，呼吸百脈盡歸根。」

你可能會有疑問，既然如此，老師你為什麼會鼓勵我們從自發功下手？自發功不是動來動去的嗎？各位，自發功是「前置作業」啊！各位可知道陰怎麼來的？恍惚怎麼來的？那可是前面先有陽，那陽怎麼來的？可是前面先有後天氣，所以自發功煉的是後天氣，有了後天氣，就可以轉變成金木的先天氣，陰陽交替，後天氣不是道，只是道的前置作業，小藥的材料。有了自發功所煉出來的後天氣，才能轉換成金木小藥先天氣。有了金木小藥，才能產生金丹。木就是陽，金就是陰，先產生木，再產生金。金就是陰的狀態，陰煉到極點，產生陽生，金丹就是在陽生的狀態

下產生的，這就是道。所以道是在陰的後面產生的，嚴格來說，道是在陰陽反復之後產生的，先陽後陰的反覆。

如果是自發功水火階段和金木階段相比，水火階段是後天氣，金木階段是先天氣。如果是金木階段和陽生二階以上相比，金木是後天氣，陽生是先天氣。水火之氣比金木之氣後天，金木之氣又比陽生之氣後天。陽生之氣比金木之氣先天，金木之氣又比水火之氣先天。所以我們可以這樣看，水火之氣如果算後天之氣，金木之氣算先天之氣，陽生之氣就算虛空之氣。

日有合，月有合，窮戊己，定庚甲。

日有合，和甚麼合呢？當然是和月合，同樣的月也是和日合，怎麼合法呢？我們常聽說日月合璧，不要以為這是一個內景的日和一個內景的月兩個合在一起，沒有這種內景的，這講的是陰陽的合，也就是陰陽交替最後合併產生陽生。各位如果看到有人說一個日的內景和一個月的內景相合，要知道那是胡說的，沒有這種事情。

陰陽交替是丹道修煉最核心的原則，所有的丹道

修煉都基於此，陰陽交替等於是丹道修煉的馬達動力來源，只有陰陽交替之後的合，才能產生陽生，陽生才是丹道修煉演化的成果，所有的進步都來自於陽生，所有的金丹演化都在陽生當中產生，所以日月合並非是日和月的合併，而是陰陽交替之後的合併所產生的陽生現象。

而日月陰陽如何交替相合呢？重點就在後面這兩句話，「窮戊己，定庚甲」，戊己就是土，戊是陽土，己是陰土，土是心靈環境，戊是陽狀態下的心靈環境，也就是烏肝狀態下的心靈環境，己就是陰狀態下的心靈環境，也就是兔髓狀態下的心靈環境。陽狀態下的心靈環境如果不清淨，就會產生很多雜念，這些雜念就足以讓烏肝狀態難以產生。除了雜念，多餘的干涉意念也是雜念的一種，例如使用各種煉氣的技巧，想要把氣如何如何地運轉，這種技巧動作，本身就是非常大的雜念，這種強烈的干涉意念，就足以讓戊脫離清淨的狀態。而陽的狀態下的不清淨，例如慾望，這裡講的慾望不是那種生理上的慾望，而是想要做甚麼，或者在乎甚麼，只要心中有所牽掛，即使進入陰的狀態，也是不得清淨，這個心中牽掛並不一定是煩惱的事情，當然煩惱的事情也算。除了煩惱的事情以外，很常見的還是干涉的意念，干涉的意念不只

在陽的狀態下造成戊不清淨，同樣的在陰的狀態下，也會造成己的不清淨。這種干涉的意念，比較常見的是存在於各式各樣的價值觀，有這種種的價值觀，就會在陰的狀態，潛藏在意識的深處，造成己土不清淨，例如神神鬼鬼的價值觀，各種宗教上的價值觀，又或者各種技巧後續的影響等等，就丹道修煉者比較常見的，則是把欲界幻境當成出陽神，因此會在欲界幻境灌注過多的精神，導致欲界幻境不斷地產生幻境，這就是丹道修煉者比較常見的己土不清淨。所以各位看到有許多修練有程度的丹道大師，經常號稱出陽神，看到甚麼神、法器等等，通常就是在欲界幻境出現的，欲界幻境屬陰，只要執著欲界幻境為真，則無法脫離欲界幻境，達到清淨意土，後面的陽生自然無法產生。

可能有讀者會有疑問，那如何分辨欲界幻境和陽生呢？這確實不容易，甚至有時候欲界幻境會出現在陽生的時機，令人難以分辨。最根本的辦法，還是清淨意土，覺察內在心靈環境，有沒有非常細微的欲念，如果沒有這一個根本的覺察習慣，也無法分辨欲界幻境或者陽生內景，筆者建議一概當成欲界幻境，並且同時加強練習覺察內在的心靈環境，從起心動

念，各種隱藏價值觀的分析，自我潛藏情緒的分析，甚至原生家庭的分析等等，如果沒有對自己有充分的了解，沒有對自己起心動念的來源有充分了解，甚至完全沒有做這些覺察的經驗，基本上就可以確認自己是欲界幻境了。當然如果自己對於這些覺察做得非常深入，平常也經常能夠區分自己的情緒來源，各種起心動念都了了分明，那這樣基本上在欲界幻境和真實陽生內景的區分，應該就具備基本能力了。筆者在第一集《無為丹道》一書當中，也提到不少關於覺察、中觀的重點，歡迎讀者做進一步的參考。

當自己能夠做到「窮戊己」，以一種「上窮碧落下黃泉」的態度來自我覺察，那這樣在修煉當中，就能夠「定庚甲」，能夠以清淨無為的態度來區分陰陽，而不至於受限於各種價值觀，例如佛教經常出現反對昏沉的價值觀，這也是一種影響陰陽自然運行的價值觀，各位讀者要特別注意。除了反對昏沉，固定的坐姿也是其中一個，為了維持固定的坐姿，而犧牲自然的內在狀態，也是常見的誤區之一。所以窮戊己是丹道修煉的根本，沒有戊己清淨意土，幾乎處處都在踩坑，到處是歧路，不管怎麼煉，都能誤入岐途，這一點非常重要。

「庚」就是西方，「甲」就是東方，西方庚代表

兔髓金，東方甲代表烏肝木，都是陰陽的代名詞。各位讀者可能會有疑問，那水火呢？金木水火土，土代表清淨意土，金木代表陰陽，水火呢？水火在丹道裡面是金木的前置作業，也就是水火生金木，這稱為五行顛倒，原本應該金木生水火，但是丹道裡面卻五行顛倒，水火生金木，在實際上修練就是水為氣，火為神火，注意力，當注意力放在氣上面的時候，如果不要施加任何不相干的外力干涉，例如想要「守竅」把注意力死死的守在下腹部之類的，如果沒有這種不相干的外力干涉，而能夠以清淨意土，不干涉的心靈狀態修練，則水火會自然轉化成金木，也就是小藥。實際上的狀態就是，煉氣一陣子，就會自然轉換成光，這是非常自然的現象，這種光類似北極光，或者電漿，移動方式和存在型態幾乎一模一樣，至於是否真的是電漿，有待科學研究進一步的突破，但是各位只要看過北極光或者電漿，大概就能理解大致的型態，這種光就是烏肝木最初的型態。而當烏肝木的光產生的剎那，也代表最初的玄關竅打開了，這個狀態才是真正的「竅」。所以請各位讀者要注意，丹道修煉有很多誤區，像這裡又是一個誤區，把下腹部當成玄關竅是非常典型的誤區，因此有許多人窮其畢生精力，將注意力貫注於下腹部，得到的卻是修煉當中最初級

的程度——水火的狀態，再也無法升級成金木陰陽狀態，這是一個非常大的誤區，請各位讀者務必小心這類價值觀誤區的影響。

上鵲橋，下鵲橋，天應星，地應潮。

「鵲橋」是牛郎織女見面的橋樑，牛郎代表陽，織女代表陰，所以「上鵲橋」代表意識上浮，也就是陽，「下鵲橋」代表意識下沉，也就是陰，鵲橋上下代表意識的浮沉。這種意識的浮沉就跟大自然一樣，都是自然產生的，就天而言就跟星宿一樣，就地而言就跟潮汐一樣，都是升起降落，月落星沉，潮起潮落。

意識的浮沉是丹道修煉中最大的奧祕，也是失傳已久的奧祕，只要懂得意識的浮沉，能在浮沉當中修練，如同潮起潮落般地自然，就能產生演化，進而煉出金丹。

起巽風，運坤火，入黃房，成至寶。

「巽」，是丹道當中常用的字眼，代表東南方，東方為木，南方為陽，巽就用來代表屬陽的木，也就

是烏肝木。

東方肝木為生發，西方肺金為肅降，丹道當中的升降講的就是意識的浮沉，意識上浮也就是清醒狀態，煉出來的光跟北極光或電漿相近。意識下沉也就是混沌狀態，類似於深睡狀態，練出來的光跟月光相近，因此稱為兔髓，兔代表月，烏代表日。烏肝木的光大約努力百日就能出現，因此稱為百日築基。而兔髓金的光至少須努力三年，因此稱為三年哺乳，但是能堅持三年以上的人甚少，加上兔髓金的出現牽涉到煉己，也就是陰土，這一點非常難煉，必須對於內在的慾望和價值有非常深度的覺察能力，才能跨越欲界幻境，才能煉到脫離睡眠蓋，也就是兔髓金的光要能出現，必須是煉到脫離睡眠蓋的人才有辦法，這一點就難度非常高了。所謂的睡眠蓋並不是晚上不睡覺，或者睡很少，而是身體睡著了，裡面卻醒著，光是煉到這一點，就不是普通人做得到的，因此兔髓金的光是非常少人能夠出現的。所以更常見的情況是，許多稍微懂得一點點的人，因為煉不到這個地方，就把白色的烏肝木當成兔髓金的小圓月了，因此讀者要鑑別此點，就看有沒有包含脫離睡眠蓋，如果沒有包含脫離睡眠蓋，那就是白色烏肝木了，而白色烏肝木的層次是比彩色烏肝木還要低，初期天眼初開，烏肝木只

能有明暗之分，沒有顏色之分，因此很容易被誤會為兔髓金，甚至是圓月，這一點請讀者務必區分清楚。

而丹道當中也有關於脫離睡眠蓋相關的名詞，例如陰盡陽純，識神隱元神顯等，兔髓金的光是出現在陰盡陽純的臨界點，陰快要銷盡的前夕，就會開始出現兔髓金的小圓月，等到陰完全銷盡，就不僅僅是兔髓金的小圓月了，而是第三階段陽生的大圓月了。而識神隱元神顯，主要是元神的定義遭到扭曲，被扭曲成靈魂，因此元神顯的意義就變了。元神和識神都是覺知的本體，有覺的本體，能夠覺察的本體，平常的狀態都是識神，特徵就是感官都在運作，如果沒有修煉的人，沒有煉到一定程度的人，平常睡覺就睡著了，不會有其他覺知能力出現，而有修練到一定程度的人，身體睡著了，內在卻慢慢出現另外一個覺知本體，這個覺知本體就是元神。元神的特色就是身體睡著了，感官都沒作用了，聽不見，看不見，沒有身體觸覺，甚麼感覺都沒有了，但是卻有覺知，這個覺知的本體就是元神。因此要出現兔髓金小圓月的前提就是能煉到識神隱元神顯，特別是平常睡眠的狀態，內在的陰慢慢轉變成陽，陰盡陽純，這樣的情況才是兔髓金小圓月的出現時機，若非此狀態，則有可能是烏肝木，也有可能是欲界幻境。

「巽」是東南方，代表屬陽的東方木，「坤」為陰，火為金的來源，「坤火」就是西方金，金木陰陽交替之後，「入黃房」就是加入清淨意土，黃為土的顏色，故黃房代表土，也就是戊己，在此金木狀態，陽土己更為重要。加入清淨意土之後，就能夠產生至寶，也就是二階段陽生，其中奧妙，若非親身見證，難以言喻。

　　水怕乾，火怕寒，差毫髮，不成丹。

　　這裡講的丹不是金丹，而是烏肝木的光，類似北極光或者電漿型態的一種光。知道了這一點之後，在來看前面的水怕乾及火怕寒，就知道水代表氣，火代表神火，也就是注意力焦點。水怕乾這裡面有一個重大的坑要注意，水就是氣，甚麼叫做氣煉到乾掉了？就是氣從有氣感煉到沒氣感，結果還沒轉成烏肝木的光，空空如也，煉氣煉到後來，甚麼都沒有，以為自己入了虛空，其實卻是氣煉到乾掉了，有氣感煉到沒氣感，一般來說，大概是30到40分鐘，所以很多教打坐的，通常會把時間設定在半小時，原因就是如此，大約三、四十分鐘，氣就沒了，這種現象就是水怕乾的意思，煉氣就怕有氣煉到沒氣，進入甚麼都沒有的

狀態，很遺憾的，現在大家常見的煉氣方式大多如此，還以為本來煉氣就是煉半個小時，其實是煉偏了，練成水乾火燥，把水火不調的現象當成虛空。請各位讀者務必鑑別清楚，虛空一定開啟在陰陽交替的陽生狀態，陰陽交替一輪大約兩小時，每次都練半小時就空空如也，並非虛空，而是水乾火燥，另外有個名詞可以形容這種現象——頑空定。

　　為什麼會有這種現象？通常是後天意念放太重，也就是火太燥，神火放太重導致。意念放得太重，導致火太燥，因此沒辦法在後段慢慢進入混沌入陰，也就是火候出了問題。修練丹道火候一定要順其自然，剛開始的時候容易雜念多，自然注意力放得重了，才不會雜念橫生，煉不下去，但是煉到雜念慢慢少了，注意力能夠集中在氣的運作上，這時候如果還把注意力放得跟剛開始一樣地重，這時候就會造成水乾火燥，因此當注意力能夠放在氣上面的時候，注意力就要慢慢鬆開，不能像剛開始的時候抓得那麼緊。這一點非常重要，有很多人喜歡使用一些技巧或者密法，在整個煉氣的過程中，不斷地重複此種技巧密法，這樣一種後天過度干預的情況，就會導致意念過重，水乾火燥。最好的方法還是甚麼方法都不要用，只要輕輕地把注意力放在身上即可，等到氣機出現，雜念變

少，就慢慢放鬆開來，這樣就能自然慢慢進入混沌入陰的狀態了，也就不會只煉半小時就沒戲唱了。

「水怕乾」講的是頑空定的歧路，而「火怕寒」講的是另外一種歧路，火就是神火，在水火階段如果練對，就會產生下一步的鉛龍汞虎，也就是烏肝木兔髓金的陰陽交替轉化現象，但是如果練差錯了，第一個差錯就是「水乾火燥」，也就是用意過度，第二個差錯就是「火寒幻生」。甚麼是「火寒幻生」？就是神火本應灌注在水上面，但是煉了一段時間之後，不專心了，或者心中有執念，或者有慾望，或者有情緒，神火就會被這些慾望情緒或者執念拉過去，變成雜念或者幻境，因此火就沒辦法集中在水上面，雜念比較好理解，幻境就比較難理解，各位可以用做夢來理解，幻境跟做夢很像，但是又跟做夢不太相同，有些幻境是可以很真實的，有身歷其境的感受。以「水怕乾」的頑空定為例，假設一個人後天意念過度使用，造成該進入陰陽交替之際沒辦法進入，反而進入一種甚麼都沒有的假頑空狀態，撐了一段時間之後，疲勞了，就把硬撐的神火放掉，這時候沒有水了，也就是沒氣可煉，然後又放掉神火，「火怕寒」，這個時候就會很容易進入幻境，然後搬運法就把這種現象稱為「出陽神」，所以各位要有一個鑑別，不要用意

過度，練到頑空定，把頑空定當成虛空，然後又放掉神火，進入幻境，又把幻境解釋為出陽神，那就真的不知道煉到哪邊去了，可能天堂地獄，神佛鬼仙，靈魂出竅，要甚麼幻境就有甚麼幻境，這是一個很大的歧路，各位讀者務必小心。

另外一個要鑑別的是「火怕寒」和「止火」有何不同？各位要知道，止火是自然產生的，也就是煉到陰陽轉換之際，由陽轉陰，意識自然下沉，所產生的自然止火，這種止火的火候現象，跟因為慾望、情緒、執念而被轉移到其他方向的火寒是兩回事。火寒是因為火被轉移到其他方向了，沒有在水上面，止火是神火轉變成更深層的兔髓陰，也就是溫養之火，而比較表面的意識狀態的神火則停止作用，也就是比較粗淺的神火，變成比較深層的兔髓陰溫養之火，可以說兔髓陰的狀態下雖然沒有粗淺的神火，但那是一種轉換，跟轉移到慾念的火寒是兩回事。這樣講可能太抽象，還是難以鑑別，其實重點還是回到「窮戊己」，清淨意土，建立清淨的內在心靈環境，才是根本，才有辦法免於神火被轉移到幻境上面。

水乾火寒兩大歧路，水乾造成頑空定，火寒造成幻境，都是源自於慾望，意土不清淨所造成的。為什麼意土不清淨？重點就在於一念之差，這一念之差就

能導致煉不成丹，故稱「差毫髮，不成丹」，雖然只有毫髮之差，一念之差，卻是核心價值的差別。水乾是因為追逐氣感，慾念太重，火寒是因為沒有內在覺察，對慾念毫無覺知，無法建立清淨意土環境，兩者的根源都是清淨意土沒有煉好，沒做到窮戊己，或者簡單說，沒有建立正確的窮戊己的概念。

鉛龍升，汞虎降，驅二物，勿縱放。

真鉛是烏肝木，龍也代表烏肝木；真汞是兔髓金，虎也代表兔髓金，驅使這兩物，就是陰陽，勿縱放，所有丹道的修煉都在此陰陽，金木陰陽交替，就是丹道最大的奧祕。只要不斷地陰陽交替，很快就會產生陽生現象，而金丹的產生就在此陽生現象裡面演化。

這個陰陽的升降是意識的浮沉升降，並不是像現在市面上流行的任督小周天升降，各位要知道，任督小周天煉的是氣感，也就是水火，而水火並不是金木，雖然歷代有很多人把金木解釋為水火的代稱，但是這是一種誤解，水火就是水火，不是金木，金木來自於水火，金來自於火，木來自於水，水火相交之後，在戊土的環境下，產生金木，金木在己土的環境

下產生陽生，而陽生就是金丹演化的環境。因此所謂的煉丹道就是不斷地金木陰陽交替，反覆產生演化金丹的環境，也就是陽生。

因此所謂的任督小周天是無法產生金丹的，各位會看到這些練習任督小周天的人，對金丹是語焉不詳，有些會把金丹當成腹部的氣團，有些會把金丹當成烏肝木，這是最常見的，但是金丹既不是下腹部的氣團，也不是烏肝木的光團，金丹的演化是非常神奇的，所以一開始被稱為玄珠，因為太玄妙了，非常精細的幾何形狀，不同人有不同的形狀，方的、圓的、六角的，還有文字類型的，也有兩者結合的，所謂的形字印當中的印，有的是形狀，有的是字，有的是兩者結合，這若非親身經歷，那是完全無法理解的，所以才稱為玄珠。玄珠是金丹的前身，玄珠也稱為胎，玄珠要發展到成熟階段，才會產生金丹，再由金丹產生真人，這些都是卡關在氣感階段的人所無法理解的，所以各位要能理解丹道，就必須脫離以氣感為主體解釋的搬運法，例如升降是意識的升降，而非氣感在身體位置的升降，各位若沒有脫離此種氣感為主的思維，後天意識不放下，將難以體會金丹演化的奧祕。

產在坤，種在乾，但至誠，法自然。

「坤」是陰，代表兔髓陰，「產在坤」，意思是陽生產生在陰，事實上是產生在陰極生陽的霎那，陽生就是金丹或玄珠演化的時機，產生在陰的後面。「種在乾」，就是耕種的過程是在陽，也就是用力去修煉的程序是在陽，陽是意識上浮的階段，也就是烏肝木的階段，這個階段意識是清醒的，跟坤是不一樣的，坤是陰，意識是不清醒的，特別是剛開始練的時候，這個陰的過程幾乎是完全失去意識，如同深睡狀態，要到了化陰化到陰變少了，接近純陽，才會慢慢清醒過來，所以陽的過程是清醒的，是耕種的狀態，努力的狀態。特別是在烏肝木的前置階段，也就是水火階段，需要比較用力，也就是武火，才能練出烏肝木的光，到了出現光之後，就不用那麼用力，只需要順其自然的文火，停留在光的狀態，就會慢慢自動進入陰。

這個過程需要至誠，不虛偽，不自欺，不要為了想要達到目的，而揠苗助長，例如有些派別的人就聽說丹是一個光球，就用後天意念聚光，把烏肝光凝聚在中間，自欺欺人，說這是金丹，這就是虛偽自欺。例如有些派別，聽說有真人的功態，就想像有一個神

佛的形象在眼前，想像這個神佛和自己融合，又或者把自己當成想像的神佛，這些都是不誠實的修煉偽法。只是很遺憾的是，當今世上這些自欺欺人的修煉偽法卻成了主流，真是令人不勝唏噓。

這個陰陽交替的過程，也是師法自然，可以這樣說，這個過程就是自然的一部分，整個修練過程，都是自然產生，只有順其自然，不虛偽自欺，不用旁門左道，才能走上真正的大道。

盜天地，奪造化，攢五行，會八卦。

使用「盜」這個字，很明顯崔希範看過《陰符經》：「天地萬物之盜；萬物人之盜；人萬物之盜也。三盜既宜，三才既安。」「盜」在《陰符經》當中的解釋，表面意義雖然是盜取，但是實際的意義卻是交流養育，天地是萬物賴以生存的來源，天地養育萬物；萬物是人類生存的來源，萬物養育人類，人類又是萬物生存的來源，人類又養育萬物，這三個相養相育達到一個適當的平衡，三方面就順利平安，所以這個盜是交流養育，盜天地就是交流天地的能量。

同樣的，「奪」造化，表面意思雖然是搶奪，但實際意義卻是取用自然造化的機制，修練丹道靠的不

是密法，而是自然造化的機制，造化就是自然演化，交流天地能量，自然演化，就是丹道修練的真正機制，並不是某些派別說的，非要甚麼密法動作導引意守，相反的，那些密法正是阻礙丹道演化的最大障礙，而這些派別以後天意識造作來練丹道，不只造成無法順利練出真正的丹道，還把丹道的內涵，掛羊頭賣狗肉，以低階的氣感運行來代替，甚至假造這些氣感可以有神通能力，事實上卻是以洗腦方式來騙人，讀者不可不心存戒心，切勿被此類搬運法所騙，真正的丹道修練一定是與自然演化機制相同。

「攢」，聚合。「五行」，金木水火土。「攢五行」，聚合金木水火土。一開頭就講了，窮戊己，定庚甲，戊己就是土，庚甲就是金木，加上前置作業的水火，五行聚合才能產生陽生，這就是修練丹道的程序。「會」，會合。「八卦」，乾坤坎離震巽艮兌，意思跟五行差不多，通常會把乾坤當成陰陽，也就是東西，坎離當成水火，也就是南北，也是四方位觀。另外天干地支也常被用來作為四方為觀的代名詞。天干，甲乙丙丁戊己庚辛壬癸，戊己就被用來做為土的代名詞，甲乙作為木的代名詞，其餘類推，其基本價值觀都是四方位。

水真水，火真火，水火交，永不老。

水不是水缸裡的水，那是凡水，一般的水，修煉的水是真水，也就是氣感。火不是瓦斯爐的火，那是凡火，修煉的真火是指注意力的意識之火。注意力神火放在氣感上，如果沒有氣感，就放在身體上，過一陣子就會產生氣感，這些氣感可以養生，所以說永不老，事實上還是會老的，但是練得勤勞的話，有養生的效果，老得比較慢，一般的氣功就是屬於這個層次。

水能流，火能焰，在身中，自可驗。

這裡講的水能流，很明顯是體內流動的氣感，而火能焰講的就不是注意力的意識神火了，而是烏肝木的光，像火一樣，烏肝木的光很像北極光，有各種光譜，而物質燃燒產生的火也很像北極光，都是電漿的型態。氣感和光感在身中，都是非常明顯的特徵，所以說自可驗，自己就可以檢驗了。

是性命，非神炁，水鄉鉛，只一味。

但是真正煉丹的來源是性命雙修，而不是神氣，性命雙修是金木，而神氣是水火，水火只能說是金木的材料，卻不是金木，所以這裡很清楚地說明白了，真正的修煉主要是「水鄉鉛」，而不是水，水鄉鉛就是水所產生的鉛，也就是烏肝木小藥，烏肝木小藥就是鉛，才是煉丹的材料，而水是煉鉛的材料，所以修煉需要經過兩層轉化，先煉水火，生金木之後，再煉金木。

歸根竅，複命關，貫尾閭，通泥丸。

這一段應該很多人都會解釋成任督小周天，但是並非如此，這裡講的就是所謂的中脈拙火的升起，拙火的升起就是從下腹部一股氣往上蛇行至大腦當中的泥丸，然後在泥丸打開虛空內景。除了被誤解為任督小周天之外，也很多人誤解為左右脈的氣感，左右脈是比較物質層面的中脈，也就是中脈系統包含左右脈和中脈，中脈屬於虛空脈，必須在虛空狀態下，也就是無色界定，才會產生拙火，而左右脈並非空脈，可以在色界狀態下產生向上的氣感。如果再白話一點，左右脈可以在氣功態產生向上的螺旋氣感，但是中脈只能在陰極生陽的第二階段陽生狀態下，產生拙火。

相關陽生的種種，請參考拙著其餘相關書籍。

　　但是為了避免讀者難以理解，這裡還是論述一下陽生的三個階段，丹道修煉是基於陰陽生滅，陽極生陰，陰極生陽，水火階段屬於陽，烏肝木階段也屬於陽，兔髓金的階段屬於陰，在還沒有產生兔髓之前的意識混沌階段，也歸類到兔髓金，所以丹道修煉就是不斷地在陰陽當中交替，如同阿里山小火車，不斷地盤旋上山。在陰陽交替的過程中，從陰回到陽的霎那，會產生升級的現象，這個現象就稱為陽生。隨著升級現象的程度，分成三個階段，第一個階段陽生只有氣感和烏肝木光感的強化升級，第二階段陽生開始產生最初級的虛空，通常只有短短的幾秒鐘，就會產生非常奇特的幾何形狀，除了幾何形狀之外，也有奇特的文字形狀，或者文字和幾何形狀的結合，稱為印，也就是所謂的形字印。這類的內景，稱為曼陀羅、蓮花、或者玄珠。第三階段的陽生，開始產生進階的虛空，這時中脈才開始進入全開狀態，拙火如同眼鏡蛇般盤旋氣感，從這個時候才開始產生，一條細細長長的氣感，慢慢盤旋而上，到了泥丸，就開啟比第二階段陽生更奇特的內景，通常第二階段陽生後期的大型複雜圖形玄珠，到了第三階段陽生，會轉化成純白正圓，如同顯微鏡、內視鏡一般，這是中脈全開

的內景，通常稱為圓月，圓月之後，就會開始產生真人，真人又是另外一個階段的演化，但筆者只練到真人初期狀態，後期狀態力有不逮，因此只能分享這條路徑出來，給有志之士繼續努力，期待有讀者能夠因此練到後期狀態，做更進一步的分享。

　　了解了「貫尾閭，通泥丸」的現象是中脈拙火上升的現象之後，就知道前面的「歸根竅，複命關」是甚麼意思，「歸根竅」的竅毫無懸念的就是玄關竅，這可不是下腹部的呼吸空間，很多派別把下腹部的呼吸空間稱為「竅」，這已經跟丹道完全不同了，那是氣功，不是丹道。如果把竅解釋成下腹部呼吸空間，就會把後面的尾閭泥丸解釋成脊椎了，問題是脊椎沒有經過泥丸，泥丸是大腦核心空間，也就是第三眼所在之處，所有的內景都是透過泥丸的第三眼才能接收到，所以才有特殊的光感出現，類似電漿北極光之類的光，和眼睛接收到的可見光差異很大。

　　知道了竅是玄關竅之後，再來看「歸根」，這裡的歸根就跟陽生前面的陰是一樣的，陰極生陽的陰，意識會沉到最低點，如果陰夠少，陽夠純的話，就會產生深度覺，也就是元神。元神就是在所有感官停止運作的狀態下，內在還有一個深度的覺知，這個深度覺，元神就稱為根，歸根就是回到最根本的地方，也

就是元神，元神如果沒有停止感官運作，表層的意識，也就是識神，一直在運作的話，元神就不會出現，所以「歸根竅」意思就是產生元神狀態的玄關竅。

《道德經》：「致虛極，守靜篤。萬物並作，吾以觀復。夫物芸芸，各復歸其根。歸根曰靜，是曰復命。復命曰常，知常曰明。不知常，妄作凶。知常容，容乃公，公乃王，王乃天，天乃道，道乃久，沒身不殆。」

《帛書老子甲乙本》：「至虛極也守情表也萬物旁作吾以觀其復也天物雲＝各復歸於其□□□＝是胃復＝命＝常也知常明也不知常妄＝作凶知常容＝乃公＝乃王＝乃天＝乃道□□□沕身不殆至虛極也守靜督也萬物旁作吾以觀亓復也天物雲＝各復歸於亓根曰靜＝是胃復＝命＝常也知常明也不知常芒＝作凶知常容＝乃公＝乃王□□天＝乃道＝乃沒身不殆」

《帛書老子綜合版》：「至虛極也，守靜表也，萬物旁作，吾以觀其複也。夫物芸芸，各復歸於其根，歸根曰靜，是謂復命，復命常也，知常明也。不知常，茫茫作，凶。知常容，容乃公，公乃王，王乃天，天乃道，道乃久，沒身不殆。」

這裡有一個關鍵字，上為青，下為心，這個字有

的人翻譯成情，有的人翻譯成靜，但是查詢情和靜的古字，皆與此字不同，故此字究竟是情或靜，仍有爭議。在《老子簡帛》一書中的「老子修心導向寓意圖」中，針對一些古體字的可能意義分析提到此字：「該字與情不能畫等號，發音也不同，漢字自古書寫順序是先從上往下，再從右往左，故具體到一個單字時，心寫在青的下方或左方式截然不同的兩種暗喻。在人體的中脈七個輪之心輪的顏色對應青色，五行之心陽火由肝陽木所生，肝對應青色，故該字為心之上有青色透發，暗喻人一身之大主心臟主宰朗照著身體內外。」

我們假設此字並未真正流傳下來，改成以原字為表達，就變成了：「至虛極也，守（青心）表也，萬物旁作，吾以觀其複也。夫物芸芸，各復歸於其根，歸根曰（青心），是謂復命，復命常也，知常明也。不知常，茫茫作，兇。知常容，容乃公，公乃王，王乃天，天乃道，道乃久，沒身不殆。」

另外《帛書甲乙本》：「各復歸於其□□□＝是胃復＝命」「各復歸於亓根曰靜＝是胃復＝命」，和《道德經》：「各復歸其根。歸根曰靜，是曰復命。」還是有很大的不同點，在於「歸根」，《甲乙本》並沒有提到第二次的歸根，綜合《甲乙本》能看

到的是「各復歸於其根曰靜是謂復命」，並沒有《道德經》的「歸根曰靜」。

所以我們加上（青心），再還原一次更原始的《道德經》可能為：「至虛極也，守（青心）表也，萬物旁作，吾以觀其複也。夫物芸芸，各復歸於其根，曰（青心）是謂復命，復命常也，知常明也。不知常，茫茫作，兇。知常容，容乃公，公乃王，王乃天，天乃道，道乃久，沒身不殆。」

這樣意思就有了極大的差距了，簡短來看，原來是：「夫物芸芸，各復歸於其根，歸根曰（青心），是謂復命」，少了一個歸根，就成了：「夫物芸芸，各復歸於其根，曰（青心）是謂復命。」原來的文字是（青心）又是歸根又是復命，但是少了一個歸根，（青心）就只有復命，歸根是萬物復歸其根，並沒有說（青心）是歸根。

而青色的光不就是烏肝光嗎？守（青心），不就是守烏肝光嗎？而烏肝光屬於木，前面說過，歸根就是深度覺，也就是元神，從兔髓金開始產生的元神，稱為根。烏肝木狀態下是還沒有產生元神，也就是「根」。所以從《帛書甲乙本》看來，現代《道德經》多加了一個詞，整個意義全變了，原始的意義，萬物歸根，（青心）烏肝木是復命，而烏肝木屬於

表、陽，也是命功，兔髓金才是性功，歸根。

筆者這樣解釋，與所有的《道德經》專家都不同，可能有極大的爭議，但是筆者是根據丹道修煉和《帛書甲乙本》來解釋的，並非全然猜測無所本，而是有兩大證據，一個是實修證據，一個是《帛書甲乙本》原始證據。

了解歸根就是兔髓金狀態，復命就是烏肝木狀態之後，再回來看「歸根竅，復命關」，就非常清楚了，「歸根竅」就是回歸元神狀態的玄關竅，「復命關」就是反覆回到烏肝木的修命狀態，丹道修煉就是在金木陰陽當中反覆，最後結果是中脈全開，產生拙火，「貫尾閭，通泥丸」。

　　眞橐龠，眞鼎爐，無中有，有中無。

「橐龠」就是「橐籥」、「橐爐」，講的同樣是玄關竅，「鼎爐」也是玄關竅，修煉的空間，水火相交產生烏肝光之後的空間，從烏肝光到兔髓、到陽生、到金丹真人，這個空間都是玄關竅。關於橐龠的詳細解說，請參考上篇《參同契》的第一段。

「無中有，有中無」講的是玄關竅的特徵，玄關竅並非是身體的某一個特定的位置，但是確實又有玄

關竅。玄關竅是第三眼感知身體中央的左右脈和中脈的內景所形成的空間，因此是以圓形為主，左右脈階段看到的是烏肝光，如同北極光一般，中脈階段看到的是第二階段陽生的大小曼陀羅，到了中脈全通，看到的是大型白色圓月，而這些內景確實都會在過程中出現，但是卻又不是物質世界的實體，因此是「無中有，有中無」。

托黃婆，媒姹女，輕輕地，默默舉。

黃婆就是意土，黃就是土的顏色，木火土金水，木黑色，火赤色，金白色，水黑色，土黃色。「姹女」來自於《參同契》，本書上卷有提到：「河上姹女，靈而最神，得火則飛，不見埃塵，鬼隱龍匿，莫知所存。」，河代表水，水是烏肝木的來源，這樣各位就知道，姹女就是兔髓金了，靈而最神，兔髓金就是識神轉化成元神最大的關鍵，能不能練出元神，就看這裡了，掌握不到兔髓金，就練不出來元神，所以我們要判斷一個大師，或者一本經典，看他有沒有練出真本事，就是看這個關卡，這個關卡語焉不詳，或者說不清楚，或者掛羊頭賣狗肉，用其他狀態來代替，我們就知道這個大師或這本經典問題很嚴重，所

以兔髓金階段「靈而最神」，神的轉化就靠這個階段。

得火則飛，兔髓金來自於火，跟烏肝木來自於水一樣，所以說「得火則飛」。不見塵埃，不見識神底下的感官運作，所有的感官停止運作，六根六塵全部停了，所以說不見塵埃。「鬼隱龍匿」，會出現鬼的地方就是欲界幻境，在烏肝木和兔髓金的中間，容易進入欲界幻境，但是真正到了兔髓金的轉化狀態，欲界幻境就沒有了，所以說「鬼隱」。「龍匿」，龍是烏肝木的代名詞，進入兔髓金狀態，烏肝木就沒有了，所以是龍隱匿了，莫知所存，不知道所存在的狀態，識神停止運作了，無我了，這個狀態是無我的真正狀態，無我不是一種自我洗腦，自己認為自己無我，然後一根手指長長指著別人囂張的說「我執」，這種人最過份了，我執跟意識是一體兩面，只要有自我意識，就有我執，這種人對自己的我執完全毫無覺知，卻指著別人罵別人我執，各位讀者如果看到這種人，敬而遠之是最好的辦法。

知道奼女是兔髓金的狀態之後，就知道「托黃婆，媒奼女」具體是甚麼意思了，藉由清淨意土，成功由烏肝木轉成兔髓金，也就是一開始提到的「窮戊己，定庚甲」。

「輕輕地，默默舉」指的就是這個轉化的過程，烏肝木已經是文火狀態，只剩下覺觀被烏肝木的光吸住而已，注意力已經沒有在主觀運作了，而是被動地守著而已。到了兔髓金更是整個識神都停止運作，注意力也沒有了，所有的感官都停了，感官進入深眠狀態，所以這個轉化過程是「輕輕地，默默舉」。

一日內，十二時，意所到，皆可爲。

一天十二個時辰，每個時辰兩小時，所以一天二十四個小時都可以練，只要意念收進來，隨時都可以練，沒有一定要甚麼時辰才能練。

飲刀圭，窺天巧，辨朔望，知昏曉。

「刀圭」是測量藥的工具，這裡引申為小藥，所以飲刀圭就是煉烏兔小藥，煉烏兔小藥就能窺探天的巧妙。分辨朔望，朔是初一，望是十五，分辨初一十五不是真的指天上月亮的初一十五，這裡講的是陰陽的演化，那甚麼是陰陽的演化呢？重點就在後面那句，知昏曉，這裡講的昏曉不是真的指黃昏清晨，而是指意識的浮沉，意識下沉就昏睡，如同黃昏，意識

上浮就清醒，如同清晨。上一句已經說到一日之內隨時可練，所以這裡講的初一十五清晨黃昏，就不是練功時間，而是陰陽生滅，意識浮沉。

　　識浮沉，明主客，要聚會，莫間隔。

　　這裡又用浮沉講得更明確了，講的就是意識的浮沉。「明主客」，明白甚麼時候識神為主，甚麼時候識神為客，意識浮的時候，識神為主；意識要下沉的時候，識神為客。若此關鍵沒有把握好，時時刻刻都想要用自我意識來作主，那就沒辦法進入兔髓金的狀態。例如很多人喜歡使用密法修練，一下子觀想這個，一下子導引那個，這些都是用後天意識做主，如此一來，意識就難以下沉，自然也無法進入兔髓金的狀態。

　　「要聚會」，指的是陰陽交替之後的陽生，攢五行，會八卦，五行俱全，陰陽相會，就能產生陽生了。這個陰陽交替，莫間隔，不可間隔，必須連著練效果才會好，不可只練陽不練陰，或者只練陰不練陽。

　　采藥時，調火功，受炁吉，防成凶。

「採藥」就是陰極生陽之際，也就是陽生之際，神火浮現，出現空間，內景出現，這個過程就是將之前的小藥轉化為大藥的關鍵時刻，故稱為採藥。「調火功」就是神火浮現之際，只要保持一個覺照即可，不要以為醒來了，就拍拍屁股走人，這是一個關鍵，所以這個神火浮現跟睡覺醒來是兩回事，不可以直接以為睡醒，就把表層意識給加進來了，而是要保持一個覺照，讓空間和內景陸續出現，這個保持覺照，就稱為調火功。

　　吉凶，引用拙著《悟真篇：無為丹道二》：「《參同契》：『立意設刑，當仁施德，逆之者凶，順之者吉。』」所以從這段知道，順者為吉，逆者為凶，順逆就是順應自然的變化，該行陽就行陽，該入陰就入陰，不要以後天意識去抗拒這個自然的趨勢，否則就是逆，為凶。像之前提過有許多門派在修煉的時候，練習者進入恍惚狀態，在旁邊教導的老師，就拿一條戒尺，往練習者的肩膀上一拍，活活把人給嚇醒，硬是不讓人進入恍惚狀態，認為恍惚就是『昏沉』，就認為這是失去覺知，甚至還有人練『不倒單』出名的，不倒單就是不躺下睡覺，其實這都是不對的，違反自然的規則，逆者為凶。真正的練法並非

去抗拒陰陽的力量，強行使自己維持在陽的狀態，而是順應自然的力量，並且把一日之陰陽交替的力量，以自然的『修持力』，在一個時辰（平均兩個小時）的時間，自然練透陰陽。」

火候足，莫傷丹，天地靈，造化慳。

火候要煉足，陰陽演化要煉透，甚麼是煉透？例如動功要煉到自然產生意識下沉，進入兔髓金，而意識下沉之後，要煉到自然上浮，甚至產生陽生，產生陽生之後，要保持覺照，自然產生陽生內景，這三大步驟在在都需要火候足，而這個火候都不是用後天意念可以控制的，必須花時間下去，煉到熟透為止。任何一個步驟沒有煉到熟透，都會傷丹。這種天然的火候是天地自然的演化，只要順從這個演化，自然就會靈驗，產生金丹。但是這個演化過程還是會經歷許多磨難，「慳」就是磨難，例如會受到許多錯誤的價值觀的誤導，而無法順應天然，會想要用各種後天意識去控制，這樣就會傷丹，難以煉成。

初結胎，看本命，終脫胎，看四正。

《大戴禮記‧本命》：「陰窮反陽，陽窮反陰。
辰故陰以陽化；陽以陰變。故男以八月而生齒，八歲
而齔，一陰一陽然後成道。」，剛開始要結胎，就看
本命，本命就是有沒有搞懂陰陽變化，陰極生陽，陽
極生陰，如果搞懂陰陽的變化，結胎就水到渠成了。
結胎就是第二階段陽生，也就是屬於呂祖《黃鶴賦》
裡面的十月懷胎，只要搞懂陰陽，大約一年之內，就
能煉到結胎。

　　「四正」就是四個正卦坎離震兌，或四個方位東
西南北，呼應丹道四個方位觀金木水火，也就是要煉
到脫胎，要能夠金木水火土五行俱全。脫胎是金丹真
人成形。

　　密密行，句句應。

　　只要加緊修煉，上述說的每一句話都會應驗。

參考書目

一、《參同契經文直指》、《參同契直指箋注》、
　　《參同契直指三相類》，（清）劉一明

二、《易經》

三、《道德經》

四、《參同契闡幽》，（清）朱元育

五、《帛書老子》

六、《老子簡帛》，天壺學人、合一整理，線裝書局

七、《新譯周易參同契》，劉國樑，三民書局

八、《周易參同契發揮》，（元）俞琰

九、《易經繫辭》

十、《我說參同契》，（民）南懷瑾

十一、維基百科

十二、教育部重編國語辭典修訂本網路版

十三、《古文周易參同契集解》，（明）蔣一彪

十四、《周易參同契考異》，（宋）朱熹

十五、《四庫全書提要辨證》，（清）余嘉錫

十六、《青藤書屋文集》，（明）徐謂

十七、《周易參同契分章通真義》，（後蜀）彭曉

十八、漢典

十九、百度百科

二十、郭行甲談周易網站

二十一、《淮南子》，（西漢）劉安

二十二、《發現夏朝》，劉光保，中國發展出版社

二十三、維基諸子百家中國哲學書電子化計劃

二十四、《黃帝四經》

附錄・如何參與線上學習課程

一、請下載ＱＱ網路社群軟體至您的手機。

二、註冊之後,請加入群編號為159754069的無為丹道
迎賓群。

三、參考群公告資料,並閱讀老師空間資料,確認志
同道合之後,選擇一位輔導師兄帶領入門。

四、經過三個月考核過後,經確認志同道合且有持續
實修的能力與意願,就可以申請入日記班,與其
他同門師兄交換日記與心得。

五、本課程全程免費,但並不保證人人皆可通過考核
入日記班。

若各位讀者對於本書有興趣參與線上實修，除了上述的QQ社群之外，也歡迎加入臉書社團寫日記，將有練到一定程度的師兄姐，免費給予指導。

網址為：

https://www.facebook.com/groups/1284665461717411

若您認同本書理念，願意為推廣傳承正法盡一份心力，歡迎踴躍贊助，無為丹道協會感謝您的支持！

銀行：合作金庫（006）
分行：新營分行
帳號：0290871000661

國家圖書館出版品預行編目資料

丹道探源：參同契入藥鏡與無爲之道／藍石
著. –初版.-臺中市：白象文化事業有限公司，
2024.8
　　面；　公分.──
ISBN 978-626-364-412-0（平裝）
1.CST: 道教修鍊 2.CST: 煉丹

235　　　　　　　　　　113009450

丹道探源：參同契入藥鏡與無爲之道

作　　者　藍石
校　　對　龔軒玉、鄭克盛
封面設計　施展
發 行 人　張輝潭
出版發行　白象文化事業有限公司
　　　　　412台中市大里區科技路1號8樓之2（台中軟體園區）
　　　　　出版專線：（04）2496-5995　　傳眞：（04）2496-9901
　　　　　401台中市東區和平街228巷44號（經銷部）
　　　　　購書專線：（04）2220-8589　　傳眞：（04）2220-8505
專案主編　陳逸儒
出版編印　林榮威、陳逸儒、黃麗穎、陳媁婷、李婕、林金郎
設計創意　張禮南、何佳諠
經紀企劃　張輝潭、徐錦淳、林尉儒
經銷推廣　李莉吟、莊博亞、劉育姍、林政泓
行銷宣傳　黃姿虹、沈若瑜
營運管理　曾千熏、羅禎琳
印　　刷　基盛印刷工場
初版一刷　2024 年 8 月
定　　價　580 元

白象文化　印書小舖 PressStore
www.ElephantWhite.com.tw
出版・經銷・宣傳・設計
f 自費出版的領導者　購書 白象文化生活館